Hermann Hesse

Autoren-Abend in Saarbrücken

Für K.D.
ganz herzlich
Ralph Schock

[illegible], den 3.7.2000

g

Reihe »Spuren«
Herausgegeben von Ralph Schock

Hermann Hesse
Autoren-Abend in Saarbrücken

Verlauf und Folgen
der Lesung
vom 22. April 1912

Eine Dokumentation

Mit unveröffentlichten
Materialien
und einem Nachwort
herausgegeben von
Ralph Schock

Gollenstein

»Am Abend gingen wir dann alle drei in den 'Goldenen Anker'. Das Publikum strömte in Scharen nach dem Hause, so daß ich ganz erstaunt war…«

Verein der Württemberger.

Hermann Hesse-Abend!

Am **Montag, den 22. April, abends 8½ Uhr,** wird der Dichter **Hermann Hesse** im großen Saale der **Tonhalle** aus seinen Werken vorlesen.

Eintrittskarten zu 1,10 und 2,20 Mk. sind zu haben in den Geschäften von

Herrn **Clauß,** Eisenbahnstraße 66,
„ **Schatz,** „ 30,
„ **Resprich,** „ 44,
„ **Leuthe,** Vorstadtstraße 1, 29984
„ **Fritz,** Mainzerstraße 23,
„ **Dannecker,** Dudweilerstraße 50,
„ **Schwegler,** Passage, Zigarrenhaus.

Anzeige in der »Saarbrücker Zeitung«
vom 12. April 1912

»Nein, aber daß Sie eine Brille tragen!«
»Ich bin etwas kurzsichtig, gnädige Frau!«

»Eine Reihe von grinsenden, fassungslosen, enttäuschten, zornigen Gesichtern sah mich an, etwa sechs Leute erhoben sich verstört und verließen diese unbehagliche Veranstaltung. Ich wäre am liebsten mitgegangen«.

INHALT

AUTOREN-ABEND

Aus einer entlegenen Provinz unseres Vaterlands kam kürzlich an mich die Anfrage, ob ich in dem Städtchen Querburg einen Vortragsabend halten wolle.

Als ich gegen Mittag in dem Städtchen Querburg ankam, empfing mich am Bahnhof ein Mann mit einem breiten grauen Backenbart, wie ich schon lang keinen mehr gesehen hatte.

»Mein Name ist Schievelbein«, sagte er, »ich bin der Vorstand des Vereins.«

»Freut mich«, sagte ich. »Es ist eigentlich großartig, daß es hier in dem kleinen Querburg einen Verein gibt, der literarische Abende veranstaltet.«

»Na, wir leisten uns hier allerlei«, bestätigte Herr Schievelbein. »Im Oktober war zum Beispiel ein Konzert, und im Karneval geht es schon ganz doll zu. – Und Sie wollen uns also heut Abend durch einen Vortrag unterhalten?«

»Ja, ich lese ein paar von meinen Sachen vor, kürzere Prosastücke und Gedichte, wissen Sie.«

»Ja, sehr schön. Sehr schön. Wollen wir einen Wagen nehmen?«

»Wie Sie meinen. Ich bin hier ganz fremd; vielleicht zeigen Sie mir ein Hotel, wo ich absteigen kann.«

Der Vereinsvorstand musterte jetzt den Koffer, den der Träger hinter mir her brachte. Dann ging sein Blick prüfend über mein Gesicht, über meinen Mantel, meine Schuhe, meine Hände, ein ruhig prüfender Blick, so wie man etwa einen Reisenden ansieht, mit dem man eine Nacht das Coupee teilen soll: man wünscht ihn im Herzen dahin, wo der Pfeffer wächst, aber man ist auf ihn angewiesen und muß sich mit ihm vertragen.

Seine Prüfung fing eben an, mir aufzufallen und peinlich zu werden, da verbreitete sich wieder Wohlwollen und Höflichkeit über seine Züge.

»Wollen Sie bei mir wohnen?«, fragte er lächelnd. »So gut wie im Gasthaus finden Sie es da auch und sparen die Hotelkosten.«

Er begann mich zu interessieren; seine Patronatsmiene und wohlhabende Würde waren drollig und lieb, und hinter dem etwas herrischen Wesen schien viel Gutmütigkeit verborgen. Ich nahm also die Einladung an; wir setzten uns in einen offenen Wagen, und nun konnte ich wohl sehen, neben wem ich saß, denn in den Straßen von Querburg war beinahe kein Mensch, der meinen Patron nicht mit Ergebenheit gegrüßt hätte. Ich mußte beständig die Hand am Hute haben und bekam eine Vorstellung davon, wie es Fürsten zu Mute ist, wenn sie sich durch ihr Volk hindurch salutieren müssen.

Um ein Gespräch zu beginnen, fragte ich: »Wieviel Plätze hat wohl der Saal, in dem ich sprechen soll?«

Schievelbein sah mich beinahe vorwurfsvoll an: »Das weiß ich wirklich nicht, lieber Herr; ich habe mit diesen Sachen gar nichts zu tun.«

»Ich dachte nur, weil Sie ja doch der Vorstand …«

»Gewiß bin ich Vorstand, aber das ist nur so ein Ehrenamt, wissen Sie. Das Geschäftliche besorgt alles unser Sekretär.«

»Das ist wohl der Herr Giesebrecht, mit dem ich korrespondiert habe.«

»Ja, der ist's. Jetzt passen Sie auf, da kommt das Kriegerdenkmal, und dort links das ist das neue Postgebäude. Fein, nicht?«

Es war der übliche Ankersteinbaukasten mit koketter Gewerbeschul-Gotik.

»Sie scheinen hier in der Gegend keinen eigenen Stein zu haben«, sagte ich, »da Sie alles aus Backstein machen?«

Herr Schievelbein sah mich mit runden Augen an, dann brach er in ein Gelächter aus und schlug mir kräftig aufs Knie.

»Aber Mann, das ist ja eben unser Stein! Haben Sie nie vom Querburger Backstein gehört? Ist ja berühmt. Von dem leben wir hier alle.«

Da waren wir schon vor seinem Hause. Es war mindestens eben so schön wie das Postgebäude. Wir stiegen aus und über uns ging ein Fenster auf und eine Frauenstimme rief herunter: »So, hast Du also den Herrn doch mitgebracht? Na schön. Komm nur, wir essen gleich.«

Bald darauf erschien die Dame an der Haustür und war ein vergnügtes rundes Wesen voll von Grübchen und mit kleinen, dicken, kindlichen Wurstfingern. Wenn man gegen den Herrn Schievelbein etwa noch Bedenken hätte hegen können, diese Frau zerstreute jeden Zweifel, sie atmete nichts als wohlige Harmlosigkeit. Erfreut nahm ich ihre warme, gepolsterte Hand.

Sie musterte mich wie ein Fabeltier und sagte dann halb lachend: »Also Sie sind der Herr Hesse! Na, ist schön, ist schön. Nein, aber daß Sie eine Brille tragen!«
»Ich bin etwas kurzsichtig, gnädige Frau!«

Sie schien die Brille trotzdem sehr komisch zu finden, was ich nicht recht begriff. Aber sonst gefiel mir die Hausfrau sehr. Hier war solides Bürgertum; es würde gewiß ein vorzügliches Essen geben.

Einstweilen wurde ich in den Salon geführt, wo eine Palme einsam zwischen unechten Eichenmöbeln stand. Die ganze Einrichtung zeigte sich lückenlos in jenem schlechtbürgerlichen Stil unserer Väter und älteren Schwestern, den man vielleicht selten mehr in solcher Reinheit antrifft, außer in Witzblättern. Mein Auge blieb gebannt an einem gleißenden Gegenstande hängen, den ich bald als einen ganz und gar mit Goldbronze bestrichenen Stuhl erkannte.

»Sind Sie immer so ernst?«, fragte die Dame mich nach einer etwas flauen Pause.

»Oh nein«, rief ich schnell, »aber entschuldigen Sie: warum haben Sie eigentlich diesen Stuhl vergolden lassen?«
»Haben Sie das noch nie gesehen? Es war eine Zeitlang sehr in Mode, natürlich nur als Ziermöbel, nicht zum Draufsitzen. Ich finde es sehr hübsch.«

Herr Schievelbein hustete –: »Jedenfalls hübscher als das verrückte moderne Zeug, was man jetzt bei jungverheirateten Leuten sehen muß. – Aber können wir noch nicht essen?«

Die Hausfrau erhob sich, und eben kam das Mädchen, uns zum Essen zu bitten. Die kleine Wolke von Verlegenheit und unheimischer Stimmung verflog alsbald, ich bot der Gnädigen den Arm und wir wandelten durch ein ähnlich prunkvoll aussehendes Gemach in das Speisezimmer und einem kleinen Paradies von Frieden, Stille und guten Sachen entgegen, das zu beschreiben ich mich nicht fähig fühle.

Ich sah bald, daß man hier nicht gewohnt war, sich neben dem Essen her mit heftiger Unterhaltung anzustrengen, und meine Furcht vor etwaigen literarischen Gesprächen fand sich angenehm enttäuscht. Es ist undankbar von mir, aber ich lasse mir ungern ein gutes Essen von den Wirten dadurch verderben, daß man mich fragt, ob ich den Jörn Uhl auch schon gelesen habe, und ob ich eigentlich Tolstoi oder Ganghofer hübscher finde. Hier war Sicherheit und Friede! Man aß gründlich und gut, sehr gut, und auch den Wein muß ich loben, und unter sachlichen Tafelgesprächen über Weinsorten, Geflügel und Suppen verrann selig die Zeit. Es war herrlich, und nur einmal gab es eine Unterbrechung. Man hatte mich um meine Meinung über das Füllsel der jungen Gans gefragt, an der wir saßen, und ich sagte so etwas wie:

das seien Gebiete des Wissens, mit welchen leider wir Schriftsteller meist allzu wenig zu tun bekämen.

Da ließ Frau Schievelbein ihre Gabel sinken und starrte mich aus großen runden Kinderaugen an:
»Ja, sind Sie denn auch Schriftsteller?«
»Natürlich«, sagte ich ebenfalls verwundert. »Das ist ja mein Beruf. Was hatten Sie denn geglaubt?«
»Oh, ich dachte, Sie reisen eben immer so herum und halten Vorträge. Es war einmal einer hier – Emil, wie hieß er gleich? Weißt du, der, der damals diese bayrischen Lieder vorgetragen hat.«
»Ach, der mit den Schnadahüpfeln...« Aber auch er konnte sich des Namens nimmer erinnern. Und auch er sah mich verwundert an und gewissermaßen mit etwas mehr Respekt, und dann nahm er sich zusammen, erfüllte seine gesellschaftliche Pflicht und fragte vorsichtig: »Ja, und was schreiben Sie da eigentlich? Wohl fürs Theater?«
Nein, sagte ich, das hätte ich noch nie probiert. Nur so Gedichte, Novellen und solche Sachen.
»Ach so«, seufzte er erleichtert. Und sie fragte: »Ist das nicht furchtbar schwer?«
Ich sagte nein, es ginge an. Herr Schievelbein aber hegte noch immer irgendein Mißtrauen.
»Aber nicht wahr«, fing er nochmals zögernd an, »ganze Bücher schreiben Sie doch nicht?«
»Doch«, mußte ich bekennen, »ich habe auch schon ganze

Bücher geschrieben.« Das stimmte ihn überaus nachdenklich. Er aß eine Weile schweigend fort, dann hob er sein Glas und rief mit etwas angestrengter Munterkeit: »Na prosit!«

Gegen den Schluß der Tafel wurden die Leute beide zusehends stiller und schwerer, sie seufzten verschiedene Male tief und ernst, und Herr Schievelbein legte eben die Hände über der Weste zusammen und wollte einschlafen, da mahnte ihn seine Frau: »Erst wollen wir noch den schwarzen Kaffee trinken.« Aber auch sie hatte schon ganz kleine Augen.

Der Kaffee war nebenan serviert, man saß in blauen Polstermöbeln zwischen zahlreichen stillblickenden Familienphotographien. Nie hatte ich eine Einrichtung gesehen, welche dem Wesen der Bewohner so vollkommen entsprach und Ausdruck verlieh. Mitten im Zimmer stand ein ungeheurer Vogelkäfig, und drinnen saß regungslos ein großer Papagei.

»Kann er sprechen?«, fragte ich.

Frau Schievelbein verkniff ein Gähnen und nickte. »Sie werden ihn vielleicht bald hören. Nach Tisch ist er immer am muntersten.«

Es hätte mich interessiert zu wissen, wie er sonst aussah, denn weniger munter hatte ich noch nie ein Tier gesehen.

Er hatte die Lider halb über die Augen gezogen und sah aus wie von Porzellan.

Aber nach einer Weile, als der Hausherr entschlummert war und auch die Dame bedenklich im Sessel nickte, da tat der versteinerte Vogel wahrhaftig den Schnabel auf und sprach in gähnendem Tonfall mit gedehnter und äußerst menschenähnlicher Stimme die Worte, die er konnte: »O Gott, ogott ogott ogott …«

Frau Schievelbein wachte erschrocken auf; sie glaubte, es sei ihr Mann gewesen, und ich benutzte den Augenblick, um ihr zu sagen, ich möchte mich jetzt gern ein wenig in mein Zimmer zurückziehen.

»Vielleicht geben Sie mir irgend etwas zu lesen mit«, setzte ich hinzu.

Sie lief und kam mit einer Zeitung wieder. Aber ich dankte und sagte: »Haben Sie nicht irgend ein Buch? Einerlei was.«

Da stieg sie seufzend mit mir die Treppe zum Gastzimmer hinauf, zeigte mir meine Stube und öffnete dann mit Mühe einen kleinen Schrank im Korridor. »Bitte bedienen Sie sich hier«, sagte sie und zog sich zurück. Ich vermutete, es handle sich um einen Likör, aber vor mir stand die Bibliothek des Hauses, eine kleine Reihe staubiger Bücher. Begierig griff ich zu, man findet in solchen Häusern oft ungeahnte Schätze. Es waren aber keine da, sondern nur zwei Gesangbücher, drei alte Bände von »Über Land und Meer«, ein Katalog der Weltausstellung in Brüssel von Anno soundso und ein Taschenlexikon der französischen Umgangssprache.

*

Eben war ich nach einer kurzen Siesta am Waschen, da wurde geklopft und das Dienstmädchen führte einen Herrn herein. Es war der Vereinssekretär, der mich zu sprechen wünschte. Er klagte, der Vorverkauf sei sehr schlecht, sie schlügen kaum die Saalmiete heraus. Und ob ich nicht mit weniger Honorar zufrieden wäre. Aber er wollte nichts davon wissen, als ich vorschlug, die Vorlesung lieber zu unterlassen. Er seufzte nur sorgenvoll, und dann meinte er:
»Soll ich für etwas Dekoration im Saale sorgen?«
»Dekoration? Nein, ist nicht nötig.«
»Es wären zwei Fahnen da«, lockte er unterwürfig. Endlich ging er wieder, und meine Stimmung begann sich erst wieder zu heben, als ich mit meinen nun wieder ganz munter gewordenen Gastgebern beim Tee saß. Es gab Buttergebackenes dazu und Rum und Benediktiner.

Am Abend gingen wir dann alle drei in den »Goldenen Anker«. Das Publikum strömte in Scharen nach dem Hause, so daß ich ganz erstaunt war, aber die Leute verschwanden alle hinter den Flügeltüren eines Saales im Parterre, während wir in die zweite Etage hinaufstiegen, wo es viel stiller zuging.

»Was ist denn da unten los?«, fragte ich den Sekretär.
»Ach, die Biermusik, das ist jeden Samstag.«

Ehe Schievelbeins mich verließen, um in den Saal zu gehen, ergriff die gute Frau in einer plötzlichen Wallung meine Hand, drückte sie begeistert und sagte leise: »Ach, ich freue mich ja so furchtbar auf diesen Abend.«
»Warum denn?«, konnte ich nur sagen, denn mir war ganz anders zu Mute.
»Nun«, rief sie herzlich, »es gibt doch nichts Schöneres, als wenn man sich wieder einmal so richtig auslachen kann!«
Damit eilte sie davon, froh wie ein Kind am Morgen seines Geburtstages. Das konnte gut werden.

Ich stürzte mich auf den Sekretär. »Was denken sich die Leute eigentlich unter diesem Vortrag?«, rief ich hastig. »Mir scheint, sie erwarten etwas ganz anderes als einen Autoren-Abend.«
Ja, stammelte er kleinlaut, das könne er unmöglich wissen. Man nehme an, ich werde lustige Sachen vortragen, vielleicht auch singen, das andre sei meine Sache – und überhaupt bei diesem miserablen Besuch…

Ich jagte ihn hinaus und wartete nun allein in sehr bedrückter Stimmung in einem kalten Stübchen, bis der Sekretär mich wieder abholte und in den Saal führte. Da standen etwa zwanzig Stuhlreihen, von denen drei oder vier besetzt waren. Hinter dem kleinen Podium war eine Vereinsfahne angenagelt. Es war scheußlich. Aber ich stand nun einmal da, die Fahne prunkte, das Gaslicht blitzte in meiner Wasserflasche, die paar Leute saßen und warteten, ganz vorne Herr und Frau Schievelbein. Es half alles nichts; ich mußte beginnen.

So las ich denn in Gottes Namen ein Gedicht vor. Alles lauschte erwartungsvoll – aber als ich glücklich im zweiten Vers war, brach unter unseren Füßen mit Pauken und Tschinellen die große Biermusik los. Ich war so wütend, daß ich mein Wasserglas umwarf. Man lachte herzlich über diesen Scherz.

Als ich drei Gedichte vorgelesen hatte, tat ich einen Blick in den Saal. Eine Reihe von grinsenden, fassungslosen, enttäuschten, zornigen Gesichtern sah mich an, etwa sechs Leute erhoben sich verstört und verließen diese unbehagliche Veranstaltung. Ich wäre am liebsten mitgegangen. Aber ich machte nur eine Pause und sagte dann, soweit ich gegen die Musik ankam, es scheine hier ein Mißverständnis zu walten, ich sei leider kein humoristischer Rezitator, sondern ein Literat, eine Art von Sonderling und Dichter, und ich wolle ihnen jetzt, da sie doch einmal da seien, wenigstens eine

Novelle vorlesen. Da standen wieder einige Leute auf und gingen fort. Der Letzte warf die Saaltüre krachend zu.

Aber die Übriggebliebenen rückten nun aus den licht gewordenen Reihen näher beim Podium zusammen; es waren immer noch etwa zwei Dutzend Leute, und ich las weiter und tat meine Schuldigkeit, nur kürzte ich das Ganze tüchtig ab, so daß wir nach einer halben Stunde fertig waren und gehen konnten. Frau Schievelbein begann mit ihren dicken Händchen wütend zu klatschen, aber es klang so allein nicht gut und so hörte sie errötend wieder auf.

Der erste literarische Abend von Querburg war zu Ende. Mit dem Sekretär hatte ich noch eine kurze ernste Unterredung, dem Mann standen Tränen in den Augen. Ich warf einen Blick in den leeren Saal zurück, wo das Gold der Fahne einsam leuchtete, dann ging ich mit meinen Wirten nach Hause. Sie waren so still und feierlich wie nach einem Begräbnis, und plötzlich, als wir so blöd und schweigend nebeneinander hergingen, mußte ich laut hinauslachen, und nach einer kleinen Weile stimmte Frau Schievelbein mit ein. Daheim stand ein ausgesuchtes kleines Essen bereit, und nach einer Stunde waren wir drei in der besten und zufriedensten Stimmung. Die Dame sagte mir sogar, meine Gedichte seien herzig, und ich möchte ihr eins davon abschreiben.

Das tat ich zwar nicht, aber vor dem Schlafengehen schlich

ich mich ins Nebenzimmer, drehte Licht an und trat vor den großen Vogelkäfig. Ich hätte gerne den alten Papagei noch einmal gehört, dessen Stimme und Tonfall dies ganze liebe Bürgerhaus symbolisch auszudrücken schien. Denn was irgendwo drinnen ist, will sich zeigen; Propheten haben Gesichte, Dichter machen Verse, und dieses Haus ward Klang und offenbarte sich im Ruf dieses Vogels, dem Gott eine Stimme verlieh, daß er die Schöpfung preise.

Der Vogel war beim Aufblitzen des Lichtes erschrocken aufgefahren und sah mich aus verschlafenen Augen starr und glasig an. Dann fand er sich zurecht, dehnte die Flügel mit einer unsäglich schläfrigen Gebärde und gähnte mit fabelhaft menschlicher Stimme: »O Gott ogott ogott ogott…«

Anmerkung

Jörn Uhl (S. 16):

Titel eines populären, in Norddeutschland angesiedelten Bauernromans von Gustav Frenssen (1863 – 1945), erschienen 1901. Frenssen veröffentlichte ihn übrigens in der Grote'schen Verlagsbuchhandlung in Berlin, wo auch Hesse publiziert hatte (»Gedichte«, 1902).

Hermann Hesse (1910)

Autoren-Abend.

~~Aus einer entlegenen Provinz unseres Vaterlandes kam kürzlich an mich die Anfrage, ob ich in dem Städtchen Gänseburg einen Vortragsabend halten wolle.~~

Als ich gegen ~~Abend~~ Mittag in dem Städtchen Gänseburg ankam, empfing mich am Bahnhof ein Mann mit einem breiten grauen Backenbart, wie ich schon lange keinen mehr gesehen hatte.

„Mein Name ist Schimmelbein“ sagte er, „ich bin der Vorstand des Vereins.“

„Freut mich“, sagte ich. „Es ist ~~also~~ eigentlich großartig, daß es hier in dem kleinen Gänseburg einen Verein gibt, der literarische Abende veranstaltet.“

„Ja, wir leisten uns hier allerlei“, bestätigte Herr Schimmelbein. „Im Oktober war zum Beispiel ein Konzert, u. im Karneval geht es schon ganz toll zu. – Und Sie wollen uns also heut Abend durch einen Vortrag unterhalten?“

„Ja, ich lese ein paar von meinen Sachen vor, Kürzere Skizzen u. Gedichte, wissen Sie.“

„Ja, sehr schön. Sehr schön. Wollen wir einen Wagen nehmen?“

„Wie Sie meinen. Ich kann mich hier ~~gern~~ umsehen und

vielleicht zeigen Sie mir ein Hotel, wo ich absteigen kann.

Der Warenhausvorstand musterte jetzt den Koffer, den der Träger hinter mir her brachte. Dann ging sein Blick prüfend über mein Gesicht, über meinen Mantel, meine Schuhe, meine Hände, ein ~~nachdenklich~~ richtig prüfender Blick, so wie man etwa einen Reisenden ansieht, mit dem man eine Nacht die Kabine teilen soll: man wünscht zu sehen, ob der Schläfer nichts aber man scheut sich zu ungemein sein u. ~~sucht sich~~ muss sich mit ihm vertragen.

Diese Prüfung fing aber an, mir aufzufallen u. peinlich zu werden, da verbreitete sich Wohlwollen u. Höflichkeit über seine Züge.

„Wollen Sie bei mir wohnen?“ fragte er lächelnd. „So gut wie im Gasthaus fänden Sie's hier auch, u. sparen die Hotelkosten.“

Er begann mich zu interessieren; seine Patronatsmiene u. wohlhabende Würde war drollig u. sympathisch u. hinter dem etwas herrischen Wesen schien viel Gutmütigkeit verborgen. Ich nahm also die Einladung an, wir setzten uns in einen offenen Wagen, u. nun konnte ich wohl sehen, neben wem ich saß, denn in den Straßen von Günzburg war beinahe kein Mensch, der meinem ~~Gaste~~ Patron nicht mit Verlegenheit gegrüßt hätte. Ich mußte beständig die Hand am Hute halten u. bekam eine Vorstellung davon, wie es Fürsten zu Mute ~~[illegible]~~ ist, wenn sie sich durch ihr Volk hindurch salutieren müssen.

Um ein Gespräch zu beginnen, fragte ich: „Wieviel Stufen hat wohl der Turm, in dem ich schlafen soll?"

Schwendener sah mich beinahe vorwurfsvoll an: „Das weiß ich nicht, lieber Herr, ich habe mit diesen Sachen gar nichts zu tun."

„Ich dachte nur, weil Sie ja der Vorstand – –"

„Gewiß bin ich Vorstand, aber das ist nur so ein Ehrenamt, wissen Sie. Das Geschäftliche besorgt alles unser Direktor."

„Das ist wohl der Herr [illegible], der mir geschrieben hat?"

„Ja, der ist's. Jetzt passen Sie auf, da kommt das Kriegerdenkmal u. dort rechts das ist das neue Postgebäude. Fein, nicht?"

Es war der übliche Architektenrustika-Kasten mit [illegible] Gewerbeschul-Gotik.

„Sie scheinen hier in der Gegend keinen eigenen Stein zu haben?" fragte ich, da der Bau völlig aus

Backstein machen?"

Herr Schwalbein sah mich mit runden Augen an u. schlug mir lachend auf's Knie.

„Aber Mann, das ist ja unser Stein! Haben Sie nie vom Nürnberger Backstein gehört? Ist ja berühmt. Was denn haben wir [hier] alles."

Da waren wir schon vor seinem Hause. Es war mindestens ebenso ~~alt~~ schön wie das Postgebäude, u. zwischen der zweifarbigen Backsteinfassade u. dem gußeisernen Geländergitter standen auf schmalem Rasen zwei kleine Zwergobstbäume mit dicken klobigen ~~[illegible]~~ Knospen.

~~„Was sind für schöne Obstsorten!" fragte ich beim Aussteigen. „Nicht wahr? Verstehen Sie sich darauf?"~~

Wir stiegen aus u. er nannte mir die Namen der Apfelsorten, Stamm für Stamm, bis oben nur ein Fenster aufging u. eine Frauenstimme herunter rief: „Fr, hast du den Herrn mitgebracht? Komm nur, wir essen gleich."

Bald darauf wischten wir die Beine an der Haustüre u. war ein winzigstes rundes Wesen voll von Grübchen u. mit kleinen, dicken, kindlichen Wurstfingern. Was man gegen den Herrn Schwalbein etwa noch Bedenken hätte hegen können, diese Frau zerstreute jeden Zweifel sie atmete nichts als wohlige Harmlosigkeit. Ehrerbietig nahm ich ihre warme gepolsterte Hand.

Sie musterte mich wie ein Fabeltier u. fragte dann halb lachend: „Also Sie sind der Herr Hesse! Na, ist schön, ist schön. Nur, aber dass Sie eine Brille tragen!"

„Ich bin etwas kurzsichtig, gnädige Frau."

Sie schien die Brille trotzdem sehr komisch zu finden, was ich nicht begriff. Aber sonst gefiel mir die Hausfrau sehr. Hier war solides Bürgertum; es würde gewiss ein vorzügliches Essen geben.

Einstweilen wurde ich in einen Salon geführt, wo eine Palme einsam zwischen unechten Eichenmöbeln stand. Die ganze Einrichtung zeigte sich tadellos in jenem gutbürgerlichen Stil unserer Väter u. älteren Schwestern, den man selten mehr in solcher Reinheit antrifft, außer in Witzblättern. Mein Auge blieb gebannt an einem gleißenden Gegenstande hängen, den ich bald als einen ganz u. gar mit Goldbronze bestrichenen Stuhl erkannte.

„Sind Sie immer so ernst?" fragte die Dame nach einer etwas flauen Pause.

„O nein", rief ich schnell, „aber entschuldigen Sie: warum haben Sie diesen Stuhl vergolden lassen?"

zu tun bekommen.

Da ließ Frau Sch. ihre Gabel sinken u. starrte mich aus großen runden Kinderaugen an:

„Ja, sind Sie denn auch Schriftstellerin?"

„Natürlich", sagte ich ebenfalls erstaunt. „Das ist ja mein Beruf. Was hatten Sie denn geglaubt?"

„O, ich dachte, Sie reisen eben immer so herum u. halten Vorträge. Es war einmal einer hier – freilich war [illegible]?"

Der Herr konnte sich aber des Staunens nicht [illegible]. Auch er sah mich verwundert an, u. gewissermaßen mit etwas mehr Respekt, u. dann nahm er sich zusammen u. fragte vorsichtig: „Ja u. was schreiben Sie da eigentlich? Vielleicht fürs Theater?"

Nein, sagte ich, das hätte ich noch nie probiert. Nur so Gedichte, Novellen u. solche Sachen.

„Ach so", seufzte er erleichtert. Und dann fragte er: „Ist das nicht furchtbar schwer?"

Ich sagte, nein, es ginge an. Herr Schnellbein aber hegte noch immer irgend ein Mißtrauen.

„Aber nicht wahr", fing er wieder an, „ganze Bücher schreiben Sie doch nicht?"

„Haben Sie das noch nie gesehen? Es war eine Zeit lang sehr in Mode, natürlich nur als Schmuckgegenstand. Ich finde es sehr hübsch."

Herr Schimmelbrenner hustete – „Jedenfalls hübscher als das verrückte moderne Zeug, was man jetzt bei jung verheirateten Leuten sieht. – Aber können wir noch nicht essen?"

Die Hausfrau erhob sich u. eben kam das Mädchen uns zum Essen zu bitten. Die kleine Wolke von Verlegenheit u. unheimlicher Stimmung verflog alsbald, ich ~~nahm~~ bot der Gnädigen den Arm u. wir wandelten durch ein ähnlich prunkvoll ausgestattetes Gemach in das Speisezimmer u. einem kleinen Paradies von Blumen, Silber u. guten Sachen entgegen, das zu beschreiben ich mich nicht fähig fühle.

Ich sah bald, daß man hier nicht gewohnt war, sich neben dem Essen hier mit heftiger Unterhaltung anzustrengen. Man aß gut u. gründlich, u. auch den Wein muß ich loben u. ~~äußer~~ unter sachlichen Fachgesprächen über Weinsorten, Geflügel u. Suppen verrann freundlich die Zeit. Es war herrlich u. nur einmal gab es eine Unterbrechung. Man hatte mich um meine Meinung über das Lustspiel der jungen Gans gefragt, von der wir sprachen, u. ich sagte so etwas wie „das seien Gebiete des Wissens, mit welchen leider wir Schriftsteller meist allzu wenig zu dem bekommen.

Da ließ Frau Sch. ihre Gabel sinken u. starrte mich aus großen runden Kinderaugen an:

„Ja, sind Sie denn auch Schriftsteller?"

„Natürlich", sagte ich ebenfalls erstaunt. „Das ist ja mein Beruf. Was hatten Sie denn geglaubt?"

„O, ich dachte, Sie reisen eben immer so herum u. halten Vorträge. Es war niemals einer hier – [illegible] [illegible]? –"

Ihr Gatte staunte sich über das Dummes nicht wenig. Auch er sah mich verwundert an, u. gewissermaßen mit etwas mehr Respekt, u. dann nahm er sich zusammen u. fragte vorsichtig: „Ja u. was schreiben Sie da eigentlich? Doch für's Theater?"

„Nein", sagte ich, das hätte ich noch nie probiert. Nur so Gedichte, Romane u. solche Sachen.

„Ach so", seufzte er enttäuscht. Und sie fragte: „Ist das nicht furchtbar schwer?"

Ich sagte, nein, es ginge an. Herr Schmollbein aber hegte noch immer irgend ein Mißtrauen.

„Aber nicht wahr", fing er wieder an, „u. ganze Bücher schreiben Sie doch nicht?"

doch, ich habe auch schon Bücher geschrieben, mußte ich nun bekennen, u. das stimmte sie übermäßig nachdenklich. Sie aß eine Weile schweigend fort, dann hob sie ihr Glas u. rief mit munterer Betonung: „Sie prosit!"

Gegen den Schluß der Tafel wurden die Leute beide zusehends stiller u. schwerer, sie seufzten verschiedene Male tief u. weich, u. Herr Sch. legte schon die Hände über den Bauch zusammen u. wollte einschlafen, da mahnte ihn seine Frau: „Erst wollen wir noch den schwarzen Kaffee trinken." Aber auch sie hatte schon ganz kleine Augen.

Der Kaffee war nebenan serviert, man saß in Polstermöbeln zwischen zahlreichen Familienphotographien. Mitten im Zimmer aber stand ein ungeheurer Vogelkäfig u. darin saß regungslos ein großer Papagei.

„Kann er sprechen?" fragte ich.

Frau Sch. verkniff ein Gähnen u. nickte. „Sie werden ihn vielleicht bald hören. Nach Tisch ist er am muntersten."

Es hätte mich interessiert zu wissen, wie er sonst aussah, denn weniger munter hatte ich noch nie ein Tier gesehen. Er hatte die Lider halb über die Augen gezogen u. sah aus wie aus Porzellan.

Aber nach einer Weile, als ~~Herr~~ der Hausherr schlief u. die Damen auch schon bedenklich im Sessel nickten, da bot der verstummte Vogel vorsichtig den Schnabel auf u. sprach in zögerndem Tonfalle mit äußerst menschenähnlicher Stimme: „Oh Gott-ogott - ogott - ogott ...“

Frau Sch. wachte erschrocken auf u. ich benützte den Augenblick, um ihr zu sagen, ich möchte mich jetzt gerne ein wenig in mein Zimmer zurückziehen.

„Vielleicht haben Sie mir irgend etwas zu lesen?“ setzte ich hinzu.

Sie lief u. kam mit einer Zeitung wieder. Aber ich dankte u. fragte: „Haben Sie mir nicht irgend ein Buch? Erbauliches etwas.“

Da stieg sie mit mir die Treppe zum Gastzimmer hinauf, zeigte mir meine Stube u. öffnete dann mit Würde einen kleinen Schrank am Korridor. „Bitte bedienen Sie sich hier“, sagte sie u. zog sich zurück. Und mir stand nun die Bibliothek des Hauses zur Verfügung: zwei Gesangbücher, drei ältere Bände von „Über Land u. Meer“ u. ein Taschenlexikon der englischen Umgangssprache.

Eben war ich ~~nach~~ einer kurzen Toilette am Waschen, da wurde geklopft u. das Dienstmädchen flüsterte einen guten herein. Es war der Vereinsdirektor, der mich zu sprechen wünschte. Er klagte, der Vortragsbesuch sei sehr schlecht, sie schlügen kaum die Unkosten heraus. Aber er wollte nichts davon wissen, als ich vorschlug, die Vorlesung lieber zu unterlassen. Er seufzte nur sorgenvoll u. dann meinte er: „Soll ich für etwas Dekoration im Saal sorgen?"

„Dekoration? Nein, ist nicht nötig."

„Es waren zwei Personen da", lachte er unterwürfig. [illegible] ging er weiter, u. meine Stimmung begann erst wieder zu steigen als ~~ich~~ mit dem Wetter ganz munter sprach. meine Gastgeberin beim Tee saß. Es gab Butterzopf dazu u. mehrerlei Likören.

Am Abend gingen wir dann zu allen [illegible] in den Goldenen Anker. Das Publikum strömte zu Scharen ins Haus, daß ich ganz erstaunt war, aber die Leute verschwanden alle hinter den Flügeltüren eines Vorsaals im Parterre, während wir an die zweite ~~Stock~~ Stiege hinauf stiegen, wo es viel stiller zuging.

„Was ist denn da unten los?" fragte ich den Direktor.

„Ach ein Bierkonzert. Das ist jeden Samstag."

X In sehr bedrückter Stimmung wartete ich allein in einem kalten Stübchen bis der Direktor mich abholte u. in den

Saal führte. Da standen etwa zwanzig Stuhlreihen, von denen drei oder vier besetzt waren. Hinter dem kleinen Podium war eine Vereinsfahne angenagelt. Es war scheußlich. Aber ich stand nun einmal da, die Fahne prunkte, das Gaslicht blitzte in meinen Wasserflaschen, die paar Leute saßen u. warteten, genau wie Herr u. Frau Schmalbein. Es half alles nichts, ich mußte beginnen.

So las ich denn in Gottes Namen ein Gedicht vor. Alles lauschte erwartungsvoll, aber als ich am zweiten Vers war, brach plötzlich unter unseren Füßen mit Krachen u. Schmettern die große Blechmusik los. Ich war so wütend, daß ich mein Wasserglas umwarf. Man lachte herzlich.

Als ich drei Gedichte vorgelesen hatte, erhoben sich etwa acht von den Zuhörern u. verließen den Saal. Ich war am tiefsten mitgenommen. Aber ich machte nur eine Pause u. fragte dann, ob Ihnen hier ein Mißverständnis zu walten, ich sei kein humoristischer Rezitator, sondern ein schlichter Autor, der Ihnen jetzt eine kleine Novelle vorlesen wolle. Da gingen wieder einige. Aber die Übriggebliebenen rückten nun

aus dem leicht gewordenen Rucksack wieder [illegible] beim [illegible]
zusammen, es waren immer noch etwa zwei Dutzend
Leute, u. ich las weiter u. tat meine Schuldigkeit. Nun
kürzte ich das Ganze tüchtig ab, so dass wir nach einer
halben Stunde fertig waren u. gehen konnten. Frau Sch.,
allein begann mit ihren dicken Händchen zu klatschen, aber
es klang [so allein] nicht gut u. so hörten sie wartend wieder auf.

der [illegible] Mitternächtige Abendsonne [illegible] zu finden. Mit dem [illegible]
tür hatte ich meine [illegible] Unterredung, die Frauen standen
schon an den Stufen. Ich warf einen Blick in den leeren Saal
zurück, wo das Gold der Sonne freundlich leuchtete, dann ging
ich mit meinen Damen nach Hause. Sie waren so still u.
freundlich wie nach einem Begräbnis, u. plötzlich musste ich
laut u. herzlich lachen, u. nach einer kleinen Weile stimmten
Frau Sch. ein u. lachte mit. [illegible] stand ein reichgedecktes
Abendessen bereit, u. nach einer Stunde waren wir
drei in der besten u. zufriedensten Stimmung. Die Dame
sagte mir sogar, meine Gedichte seien herzig u. ich möchte ihr eins
davon abschreiben.

Das tat ich zwar nicht, aber vor dem Schlafengehen schlich ich mich
ins Wohnzimmer, machte Licht an u. trat vor den großen Käfig.
Ich hatte zwar den alten Papagei noch niemals gehört,

Das war doch der stärkste Eindruck vom [illegible] gewesen.

Der Vogel war beim Aufblitzen des Lichtes erschrocken aufgefahren u. sah mich aus verschlafenen Augen starr u. glasig an. Dann fand er sich zurecht, breitete den Flügel ~~zu~~ mit einer unsäglich schläfrigen Gebärde u. gähnte mit fabelhaft menschlicher Stimme: „O Gott, o Gott – o Gott – –."

X Ihr Schwesterlein noch verlassen, um in den Saal zu gehen, ergriff die gute Frau in einer plötzlichen Anwallung meine Hand, drückte sie heftig u. fragte leise: „Darf ich hernach noch zu Ihnen kommen auf diesen Abend."

„Warum denn?" konnte ich nun fragen, denn mir war ganz anders zu Mute..

„Nun", rief sie heftig, „es gibt doch nichts Schöneres, als wenn man sich einmal wieder so richtig aussprechen kann!"

Damit eilten sie davon, froh wie ein Kind vor seinem Geburtstag.

Das Kastengut wandern.

HERMANN-HESSE-ABEND

Der vom »Verein der Württemberger« veranstaltete Hermann Hesse-Abend fand am Montag abend im großen Saale der »Tonhalle« statt. Jene Zeit, da Hermann Hesses Namen in Verbindung mit seinem Werke »Peter Camenzind« zum ersten Male häufiger genannt wurde, liegt noch nicht gar weit zurück. Ein knappes Jahrzehnt vielleicht. Mittlerweile aber ist dieser Mann weithin bekannt geworden. Nicht etwa durch stürmische Neuererrufe oder sensationelle Blender. Es gehört ein feines Ohr dazu, um die zarten, schlichten Erlebnisse, die er uns erzählt, werten und würdigen zu können; es bedarf eines feinfühligen Verständnisses, um an diesen stillen Geschichten teilzuhaben. Vielleicht kennt der Dichter die Not und das armselige Elend, das die Fäuste verkrampft und sich mit hartverbissenen Zähnen vor dem Äußersten nicht abschrecken läßt. Aber vor ihrer Darstellung schaut seine verinnerlichte Art zurück. Seine Lieder, die er häufig im »Simplizissimus« veröffentlicht, muten immer wieder an wir reine, schöne Frauengesichter unter verbissenen, launischen, grinsenden oder auch behäbig lachenden Physiognomien. Was er uns wieder und immer wieder in Liedern und Erzählungen bietet, das ist jenes zage, beklemmend süße Glück der unerfahrenen, unberührten jungen Liebe, jene schwärmende Seligkeit, die Staub und Wirrsal der Welt vergißt, die hundert lichte Träume mit dem Bilde eines flüchtig erblickten Augenpaares zu füllen vermag. Seine stille, freudige Lebensbejahung erblickt im schelmisch verschämten Mädchenlächeln, im Raunen der Winde und im Duft der Blumen tiefbeglückende, reiche Wunder. Und sie ist – so seltsam das auch klingen mag – die Folge einer Lebenserkenntnis, die das Werden und Vergehen des Menschenlebens nicht höher wertet als das Keimen der Knospe und und den raschelnden Fall des welken Blattes. Denn erst das Wissen, daß unser Leben wie Gras ist, das unter der Sichel fällt und verdorrt, lenkt seinen Blick von selbstischer Ichbeschäftigung ab und verleiht ihm die köstliche Gabe, all die wechselnden Wunder des Alltags zu sehen und tief zu erleben.

Es bedarf kaum eines Hinweises, daß Hesse die Wahl seiner Vortragsstücke so getroffen hatte, daß sie seine Eigenheit in glücklicher Weise widerspiegelten. Von den vorgetragenen Gedichten seien – nach der Erinnerung herausgegriffen – »Tage«, »Schwüler Abend«, »Gondelgespräch« und vor allem das trotz – oder vielleicht wegen – seiner stillen Resignation wundersame »Seltsam, im Nebel zu wandern« erwähnt. Von den Prosastücken war wohl »Das erste Abenteuer« das am wenigsten ausgeglichene. Mir wenigstens schien jener Übergang von der Schilderung der Hände des Schlosservolontärs – die am Abend vorher eine halbe Stunde lang mit Schmierseife und Petroleum gewaschen worden waren – zu der atembeklemmenden Liebesszene mit der vornehmen Frau zu unvermittelt und überraschend zu kommen. Die beiden anderen Novellen aber, die Geschichte des schroffen Einsiedlerberges und das Liebesidyll »Wehrisbrühl«[!] mit all seinem feinen, leisen Humor, sind kleine Meisterstücke von edler Form und voll reichen Lebensinhaltes. Über Hesses Sprache zu reden, dürfte fast überflüssig sein. Sie ist einfach, ungesucht und schlicht vor allem – so einfach schön, wie mans unserer viel gescholtenen Muttersprache noch heute vielerseits gar nicht zuzutrauen wagt. Und seine Lieder haben oft jenen süßen, schmeichelnden Wohllaut, den man im täglichen Gedankenaustauch kurzweg nur dem Italienischen zuspricht.

Die verhältnismäßig recht kleine Gemeinde der Erschienenen hatte die notwendige Sammlung und Andacht mitgebracht und konnte dem Dichter zum Schluß für eine schöne Stunde mit herzlichem Beifall danken.

[aus: Saarbrücker Zeitung, Nr. 113, 25.4.1912, »Aus Stadt und Land«]

Im Nebel

Seltsam, im Nebel zu wandern!
Einsam ist jeder Busch und Stein,
Kein Baum sieht den andern,
Jeder ist allein.

Voll von Freunden war mir die Welt,
Als noch mein Leben licht war;
Nun, da der Nebel fällt,
Ist keiner mehr sichtbar.

Wahrlich, keiner ist weise,
Der nicht das Dunkel kennt,
Das unentrinnbar und leise
Von allem ihn trennt.

Seltsam, im Nebel zu wandern!
Leben ist Einsamsein.
Kein Mensch kennt den andern,
Jeder ist allein.

Wie sind die Tage...

Wie sind die Tage schwer!
An keinem Feuer kann ich erwarmen,
Keine Sonne lacht mir mehr,
Ist alles leer,
Ist alles kalt und ohne Erbarmen,
Und auch die lieben klaren
Sterne schauen mich trostlos an,
Seit ich im Herzen erfahren,
Daß Liebe sterben kann.

Frühsommernacht

Der Himmel gewittert,
Im Garten steht
Eine Linde und zittert.
Es ist schon spät.

Ein Wetterleuchten
Beschaut sich bleich
Mit großen feuchten
Augen im Teich.

Auf schwanken Stengeln
Die Blumen stehn,
Hören Sensendengeln
Herüberwehn.

Der Himmel gewittert,
Schwül geht ein Hauch.
Mein Mädel zittert –
»Sag, spürst du's auch?«

Venezianische Gondelgespräche

I

Komm, wir wollen einen Schmuck erdenken,
Den wir eins dem andern wollen schenken,
Wenn einmal wir beide arme Kinder
Fürsten werden sein und Schätzefinder.
Eine Kette hab ich dir ersonnen:
Perlen, fern im Orient gewonnen,
Perlen, die perlmuttern und opalen
Mit versteckten jähen Lichtern prahlen;
Dieser Perlen reiche Reihen sollen
Endigen in einen wundervollen
Busenstern von lachenden Rubinen,
Die begierig deiner Schönheit dienen
Und inmitten eine Platte tragen,
Drauf in altem Golde aller Sagen
Lieblichste in zarter Arbeit leuchtet:
Aphrodite, welche schaumbefeuchtet
Aus der Welle schwebt. Die Göttin trüge
Deiner eigenen Schönheit schöne Züge.

Ich hinwieder wünsche mir aus Glase
Eine schlankgeformte, hohe Vase.
Ihre Wände müßten meergrün schimmern
Und wie Sonnenschein am Lido flimmern,

Hundertfarbig mit dem Licht im Bunde,
Irisspielend jegliche Sekunde.
In Murano soll der beste Bläser
Schaffen uns dies Wunder aller Gläser,
Tag und Nächte soll er wund sich mühen,
Bis ihm Farbenwunder traumhaft blühen
Und aus seiner reichsten Träume Gluten
Uns der fabelhafte Kelch wird fluten.
Dann an warmen Abenden wie heute
Tönt der Kelch ein wundersam Geläute
Und wir beide hören zu und schweigen,
Bis aus dem Geläute Lieder steigen,
Lieder, die wie Fabeln fremder Zeiten
Fremd und schön in langen Takten gleiten,
Tief in Zauberglück die Seele hüllen,
Aller scheuesten Sehnsucht Wunsch erfüllen.
Hörst du, Gina? Hörst du nicht? – Es ziehen
Schon vom Ufer her die Melodien,
Es erglänzen schon in jähen Garben
Unsres Kelches tausendfache Farben!

Über Redentore hängt verblühend
Reif und schwer die Sonne, blutrot glühend,
Die Lagune leuchtet auf in großen
Feuerfeldern, blüht in roten Rosen,
Feiert aller Farben reichste Feste,
Überströmt mit Prunk uns stille Gäste.

Nein, der Bläser soll sich nicht bemühen,
Schau, hier siehst du meine Vase glühen!
Irgendwo im blauen Meere hinten
Werden wir auch deine Kette finden.

II

Was ich träume, fragst du? Daß wir beide
Gestern starben und im weißen Kleide,
Weiße Blumen in den losen Haaren,
In der schwarzen Gondel meerwärts fahren.
Glocken läuten fern vom Kampanile,
Werden leiser, werden bald vom Kiele
Übergurgelt, den die Wellen schlagen.
Weiter meerwärts werden wir getragen,
Dorthin, wo mit himmelhohen Masten
Schiffe schwarz am Horizonte rasten,
Wo die Fischerbarken mit den feuchten
Rot und gelben Segeln tiefer leuchten,
Wo die blauen großen Wogen brausen,
Wo die wilden Schiffermöwen hausen.
Dort, durch eines Wassertores blauen Rachen
Segelt abwärts unser leichter Nachen
In die Tiefe, deren weite Räume
Fremd erfüllen die Korallenbäume,
Wo in Muscheln, die verborgen glimmern,
Bleiche Riesenperlen köstlich schimmern,

Scheue Silberfische glänzen leise
Uns vorbei und lassen Farbengleise,
Deren Furchen andre überglänzen
Mit den goldenroten, schlanken Schwänzen.
Träumend dort in meilentiefer Tiefe
Wird uns sein, als ob zuweilen riefe
Einer Glocke Ton, ein Windeswehen,
Deren fernes Lied wir nicht verstehen,
Deren fernes Lied von engen Gassen
Redet, die wir langeher verlassen,
Und von Dingen, die wir ehmals kannten,
Und von Wegen, die wir ehmals fanden.
Einer Straße, eines Kircheninnern
Werden wir verwundert uns erinnern,
Eines Gondelrufs und mancher Namen,
Die wir manchesmal vorzeit vernahmen.
Lächelnd, wie im Schlaf die Kinder pflegen,
Werden wir die stummen Lippen regen,
Und das Wort wird, eh wir's können lallen,
In Vergessenheit und Traumtod fallen.
Über uns die großen Schiffe gleiten,
Dunkle Barken bunte Segel breiten,
Große Vögel in der Sonne fliegen,
Blanke Netze auf dem Wasser liegen,
Und darüber hoch und rein gezogen
Eines Sonnenhimmels blauer Bogen.

III

In Burano, wo an ihren Spitzen
Hundert schöne Mädchen fleißig sitzen,
Mit den weißen, allzu spitzen, raschen
Fingern eilig fügen feine Maschen.
Wo an wundervoll geschaffenen Stücken
Fremde schöne Damen sich entzücken,
In Burano bin ich heut gewesen,
Ein Geschenk dir, Gina, zu erlesen.
Ah wie glänzten die brillanten, frischen
Zartgeblümten Zeuge auf den Tischen!
Ah wie zart in tastend leisen Händen
Fühlte ich der feinen Nähte Enden!
Einen Spitzensaum und sieben Krägen
Ließ ich sorgsam mir beiseite legen;
Daß ein feiner Schmuck dich würdig ziere,
Gab ich gerne sechzehnhundert Lire.
Dann erschaute ich und ließ mir reichen
Weiße Seidenkissen, die mit weichen
Breiten Säumen edler Arbeit prangten,
Säume, deren Fries von reichgerankten
Spitzenkränzen und erhabnen Rosen
Mir verlockend schien, darauf zu kosen
Holde Liebesstunden. Zwölf Zechinen
Zahlte ich für jedes Stück von ihnen.
Eine Gondel ließ ich damit füllen

Und mit starkem Segeltuch verhüllen.
Diese Gondel, leider muß ich's sagen,
Ward hinaus ins offene Meere verschlagen,
Und ich fürchte, unsre schönen Sachen
Werden nun den Fischen Freude machen.
In den weißen Spitzenrankenkränzen
Werden schlanke Silberfische schwänzen,
Durch die Maschen, die so köstlich waren,
Wird der Thunfisch und der Hering fahren,
Und die seideweichen Liebeskissen
Werden von der Störe Brut zerschlissen.
Einzig eine kleine, arme Haube
Blieb mir über und entging dem Raube.
Nimm sie, Schönste, an der Schätze Stelle,
Die mir tückisch stahl der Gott der Welle.

IV

Meiner Heimat Namen soll ich sagen?
Irgendeinen andern mußt du fragen,
Dem des Sternenhimmels weite Räume
Wohlbekannt sind und das Land der Träume.
Meine Heimat liegt in goldnem Kreise,
Keines Wanderers noch Schiffers Reise
Mag die schönen, silberhellen, weichen
Küsten und Gestade je erreichen,

Keines Weisen Mund nennt ihren Namen;
Dennoch viele sind, die dorther kamen,
Viele, die in Heimwehnächten ferne
Sie erträumen im Bezirk der Sterne,
Die in Angst und Sehnen nach ihr rufen,
Die ihr Bild in dunkler Seele schufen
Und die Ahnung alles Besten, Großen
In dies Bild und alle Liebe schlossen.

Dieser Einer bin ich, und ich reise
Ohne Rast nach jenem goldenen Kreise.
Deiner Stimme Klang und deines Haares
Koseduft weckt mir ein wunderbares,
Liebes Angedenken jenes Landes,
Dessen namenloses, unbekanntes
Heimatglück ich Ahnender empfunden
Jenes Tages, da ich dich gefunden.
Und ich ahne: unsre regen Seelen,
Während auf den ruhigen Kanälen
Uns die Gondel führt auf Dämmerwegen,
Reisen meinem Vaterland entgegen,
Reden heimatlich vertraute Worte,
Pochen an des fernen Landes Pforte,
Sagen seinen fremden, selig süßen
Namen, während unsre Lippen küssen.

V

Dort am Horizonte kannst du sehen
Eines Schiffes stille Masten stehen
An des Meeres allerfernstem Rande,
Ostwärts steuernd nach dem fremden Lande.
Seine schwarzen, scharfgezognen Masten
Wie verzaubert in der Bläue rasten.
Ist es nicht, als ob's ein Heimweh trüge,
Einen Schiffer, dessen Segelflüge
Irgendeine Insel, eine Küste
Suchen, die er unerreichbar wüßte?
Dieser Schiffer ist, der heimwehsieche,
Fern von hier zu Hause, ist ein Grieche.
Seine Heimatinsel aufzufinden
Kämpft er ohne Rast mit Flut und Winden,
Jahrelang durch aller Zonen Kreise
Kreuzt die Meere seine Heimwehreise.
Siehst du ferne seine Masten treten
Aus der Bläue, dann vergiß zu beten
Niemals zu der Mutter aller Gnaden,
Daß sie ihm und uns auf allen Pfaden
Licht und Ausgang weise und am Ende
Unser Steuer zu den Sternen wende.

VI

Sieh, die Glockenmänner sind am Schlagen!
Zitternd von der warmen Luft getragen
Folgen unentrinnbar allerwege
Uns die schonungslosen Stundenschläge.
Stille Liebe, gib mir deine Hände
Noch einmal! Der Zauber ist zu Ende,
Dem wir folgten so viel süße Gänge
Durch der Gassen und Kanäle Enge.
Morgen muß ich diese schmalen Gassen
Und die Stadt und dich und alles lassen,
Muß zurück in meinen wolkendunkeln
Norden, wo die bleichen Gletscher funkeln,
Wo man deiner Sprache reiches Tönen
Nicht versteht und nichts versteht vom Schönen,
Noch von Klang noch Freude. Dunkle Lose
Warten meiner in der Heimat Schoße.
Bei des Herdes Licht in wachen Nächten
Werd ich Kränze weher Lieder flechten
Um dein Bildnis, werde traurig träumen
Von den leuchtenden Lagunensäumen,
Von den Tagen, deren weiches Gleiten
Niemals störte unsre Seligkeiten,
Die so still und lachend uns beglückten,
Die mit Küssen wir und Liedern schmückten.
Tief im Traume wird mich dann zuweilen

Deiner schönen Stimme Klang ereilen
Venezianische Koseworte sagend,
Allen Duft des schönen Damals tragend.
Und ich werde mit verborgenen Tränen
Mich nach dir und nach Venedig sehnen…
– Gondoliere, nach San Vio! – Müde
Schweigt die Glocke. Gib mir die verblühte
Gelbe Rose noch aus deinen Haaren!
Und nun wollen wir nach Hause fahren.

Das erste Abenteuer

Sonderbar, wie Erlebtes einem fremd werden und entgleiten kann! Ganze Jahre, mit tausend Erlebnissen, können einem verloren gehen. Ich sehe oft Kinder in die Schule laufen und denke nicht an die eigene Schulzeit, ich sehe Gymnasiasten und weiß kaum mehr, daß ich auch einmal einer war. Ich sehe Maschinenbauer in ihre Werkstätten und windige Kommis in ihre Bureaus gehen und habe vollkommen vergessen, daß ich einst die gleichen Gänge tat, die blaue Bluse und den Schreibersrock mit glänzigen Ellenbogen trug. Ich betrachte in der Buchhandlung merkwürdige Versbüchlein von Achtzehnjährigen, im Verlag Pierson in Dresden erschienen, und ich denke nicht mehr daran, daß ich auch einmal derartige Verse gemacht habe und sogar demselben Autorenfänger auf den Leim gegangen bin.

Bis irgend einmal auf einem Spaziergang oder auf einer Eisenbahnfahrt oder in einer schlaflosen Nachtstunde ein ganzes vergessenes Stück Leben wieder da ist und grell beleuchtet wie ein Bühnenbild vor mir steht, mit allen Kleinigkeiten, mit allen Namen und Orten, Geräuschen und Gerüchen. So ging es mir vorige Nacht. Ein Erlebnis trat wieder vor mich hin, von dem ich seinerzeit ganz sicher wußte, daß ich es nie vergessen würde, und das ich doch jahrelang spurlos vergessen hatte. Ganz so wie man ein Buch oder ein Taschenmesser verliert, vermißt und dann vergißt, und eines Tages liegt es in einer Schublade zwischen altem Kram und ist wieder da und gehört einem wieder.

Ich war achtzehnjährig und am Ende meiner Lehrzeit in der Maschinenschlosserei. Seit kurzem hatte ich eingesehen, daß ich es in dem Fache doch nicht weit bringen würde, und war entschlossen, wieder einmal umzusatteln. Bis sich eine Gelegenheit böte, dies meinem Vater zu eröffnen, blieb ich noch im Betrieb und tat die Arbeit halb verdrossen, halb fröhlich wie einer, der schon gekündigt hat und alle Landstraßen auf sich warten weiß.

Wir hatten damals einen Volontär in der Werkstatt, dessen hervorragendste Eigenschaft darin bestand, daß er mit einer reichen Dame im Nachbarstädtchen verwandt war. Diese Dame, eine junge Fabrikantenwitwe, wohnte in einer kleinen Villa, hatte einen eleganten Wagen und ein Reitpferd und galt für hochmütig und exzentrisch, weil sie nicht an den Kaffeekränzchen teilnahm und statt dessen ritt, angelte, Tulpen züchtete und Bernhardiner hielt. Man sprach von ihr mit Neid und Erbitterung, namentlich seit man wußte, daß sie in Stuttgart und München, wohin sie häufig reiste, sehr gesellig sein konnte.

Dieses Wunder war, seit ihr Neffe oder Vetter bei uns volontierte, schon dreimal in der Werkstatt gewesen, hatte ihren Verwandten begrüßt und sich unsere Maschinen zeigen lassen. Es hatte jedesmal prächtig ausgesehen und großen Eindruck auf mich gemacht, wenn sie in feiner Toilette mit neugierigen Augen und drolligen Fragen durch den rußigen Raum gegangen war, eine große hellblonde Frau mit einem Gesicht so frisch und naiv wie ein kleines Mädchen. Wir standen in unseren öligen Schlosserblusen und mit unseren schwarzen Händen und Gesichtern da und hatten das Gefühl, eine Prinzessin habe uns besucht. Mit unseren sozialdemokratischen Ansichten stimmte das nicht, was wir nachher jedesmal einsahen.

Da kommt eines Tags der Volontär in der Vesperpause auf mich zu und sagt: »Willst du am Sonntag mit zu meiner Tante kommen? Sie hat dich eingeladen.«

»Eingeladen? Du, mach keine dummen Witze mit mir, sonst steck ich dir die Nase in den Löschtrog.«

Aber es war Ernst. Sie hatte mich eingeladen auf Sonntagabend. Mit dem Zehnuhrzug konnten wir heimkehren, und wenn wir länger bleiben wollten, würde sie uns vielleicht den Wagen mitgeben.

Mit der Besitzerin eines Luxuswagens, der Herrin eines

Dieners, zweier Mägde, eines Kutschers und eines Gärtners Verkehr zu haben, war nach meiner damaligen Weltanschauung einfach ruchlos. Aber das fiel mir erst ein, als ich schon längst mit Eifer zugesagt und gefragt hatte, ob mein gelber Sonntagsanzug gut genug sei.

Bis zum Samstag lief ich in einer heillosen Aufregung und Freude herum. Dann kam die Angst über mich. Was sollte ich dort sagen, wie mich benehmen, wie mir ihr reden? Mein Anzug, auf den ich immer stolz gewesen war, hatte auf einmal so viele Falten und Flecken, und meine Krägen hatten alle Fransen am Rand. Außerdem war mein Hut alt und schäbig, und alles das konnte durch meine drei Glanzstücke – ein Paar nadelspitze Halbschuhe, eine leuchtend rote, halbseidene Krawatte und einen Zwicker mit Nickelrändern – nicht aufgewogen werden.

Am Sonntagabend ging ich mit dem Volontär zu Fuß nach Settlingen, krank vor Aufregung und Verlegenheit. Die Villa ward sichtbar, wir standen an einem Gitter vor ausländischen Kiefern und Zypressen, Hundegebell vermischte sich mit dem Ton der Torglocke. Ein Diener ließ uns ein, sprach kein Wort und behandelte uns geringschätzig, kaum daß er geruhte, mich vor den großen Bernhardinern zu schützen, die mir an die Hosen wollten. Ängstlich sah ich meine Hände an, die seit Monaten nicht so peinlich sauber gewesen waren. Ich hatte sie am Abend vorher eine halbe Stunde lang mit Petroleum und Schmierseife gewaschen.

In einem einfachen, hellblauen Sommerkleid empfing uns die Dame im Salon. Sie gab uns beiden die Hand und hieß uns Platz nehmen, das Abendessen sei gleich bereit.

»Sind Sie kurzsichtig?«, fragte sie mich.
»Ein klein wenig«.
»Der Zwicker steht Ihnen gar nicht, wissen Sie.«

Ich nahm ihn ab, steckte ihn ein und machte ein trotziges Gesicht.

»Und Sozi sind Sie auch?«, fragte sie weiter.
»Sie meinen Sozialdemokrat? Ja, gewiß.«
»Warum eigentlich?«
»Aus Überzeugung.«
»Ach so. Aber die Krawatte ist wirklich nett. Na, wir wollen essen. Ihr habt doch Hunger mitgebracht?«

Im Nebenzimmer waren drei Couverts aufgelegt. Mit Ausnahme der dreierlei Gläser gab es wider mein Erwarten nichts, was mich in Verlegenheit brachte. Eine Hirnsuppe, ein Lendenbraten, Gemüse, Salat und Kuchen, das waren lauter Dinge, die ich zu essen verstand, ohne mich zu blamieren. Und die Weine schenkte die Hausfrau selber ein.

Während der Mahlzeit sprach sie fast nur mit dem Volontär, und da die guten Speisen samt dem Wein mir angenehm zu tun gaben, wurde mir bald wohl und leidlich sicher zumute.

Nach der Mahlzeit wurden uns die Weingläser in den Salon gebracht, und als mir eine feine Zigarre geboten und zu meinem Erstaunen an einer rot und goldenen Kerze angezündet war, stieg mein Wohlsein bis zur Behaglichkeit. Nun wagte ich auch die Dame anzusehen, und sie war so fein und schön, daß ich mich mit Stolz in die seligen Gefilde der noblen Welt versetzt fühlte, von der ich aus einigen Romanen und Feuilletons eine sehnsüchtig vage Vorstellung gewonnen hatte.

Wir kamen in ein ganz lebhaftes Gespräch, und ich wurde so kühn, daß ich über Madames vorige Bemerkungen, die Sozialdemokratie und die rote Krawatte betreffend, zu scherzen wagte.

»Sie haben ganz recht,« sagte sie lächelnd.
»Bleiben Sie nur bei Ihrer Überzeugung. Aber Ihre Krawatte sollten Sie weniger schief binden. Sehen Sie, so –.«

Sie stand vor mir und bückte sich über mich, faßte meine Krawatte mit beiden Händen und rückte an ihr herum. Dabei fühlte ich plötzlich mit heftigem Erschrecken, wie sie zwei Finger durch meine Hemdspalte schob und mir leise die Brust betastete. Und als ich entsetzt aufblickte, drückte sie nochmals mit den beiden Fingern und sah mir dabei starr in die Augen.

O Donnerwetter, dachte ich, und bekam Herzklopfen, während sie zurücktrat und so tat, als betrachte sie die Krawatte. Statt dessen aber sah sie mich wieder an, ernst und voll, und nickte langsam ein paarmal mit dem Kopf.

»Du könntest droben im Eckzimmer den Spielkasten holen,« sagte sie zu ihrem Neffen, der in einer Zeitschrift blätterte.
»Ja, sei so gut.«
Er ging und sie kam auf mich zu, langsam, mit großen Augen.
»Ach du!« sagte sie leise und weich. »Du bist lieb.«

Dabei näherte sie mir ihr Gesicht, und unsre Lippen kamen zusammen, lautlos und brennend, und wieder, und noch einmal. Ich umschlang sie und drückte sie an mich, die große schöne Dame, so stark, daß es ihr weh tun mußte. Aber sie suchte nur nochmals meinen Mund, und während sie küßte, wurden ihre Augen feucht und mädchenhaft schimmernd.

Der Volontär kam mit den Spielen zurück, wir setzten uns und würfelten alle drei um Pralinés. Sie sprach wieder lebhaft und scherzte bei jedem Wurf, aber ich brachte kein

Wort heraus und hatte Mühe mit dem Atmen. Manchmal kam unter dem Tisch ihre Hand und spielte mit meiner oder lag auf meinem Knie.

Gegen zehn Uhr erklärte der Volontär, es sei Zeit für uns zu gehen.

»Wollen Sie auch schon fort?« fragte sie mich und sah mich an. Ich hatte keine Erfahrung in Liebessachen und stotterte, ja es sei wohl Zeit, und stand auf.

»Na denn,« rief sie, und der Volontär brach auf. Ich folgte ihm zur Tür, aber eben als er über die Schwelle war, riß sie mich am Arm zurück und zog mich noch einmal an sich. Und im Hinausgehen flüsterte sie mir zu: »Sei gescheit, du, sei gescheit!« Auch das verstand ich nicht.

Wir nahmen Abschied und rannten auf die Station. Wir nahmen Billette, und der Volontär stieg ein. Aber ich konnte jetzt keine Gesellschaft brauchen. Ich stieg nur auf die erste Stufe, und als der Zugführer pfiff, sprang ich wieder ab und blieb zurück. Es war schon finstere Nacht.

Betäubt und traurig lief ich die lange Landstraße heim, an ihrem Garten und an dem Gitter vorbei wie ein Dieb. Eine vornehme Dame hatte mich lieb! Zauberländer taten sich vor mir auf, und als ich zufällig in meiner

Tasche den Nickelzwicker fand, warf ich ihn in den Straßengraben.

Am nächsten Sonntag war der Volontär wieder eingeladen zum Mittagessen, aber ich nicht. Und sie kam auch nicht mehr in die Werkstatt.

Ein Vierteljahr lang ging ich noch oft nach Settlingen hinüber, sonntags oder spät abends, und horchte am Gitter und ging um den Garten herum, hörte die Bernhardiner bellen und den Wind durch die ausländischen Bäume gehen, sah Licht in den Zimmern und dachte: Vielleicht sieht sie mich einmal; sie hat mich ja lieb. Einmal hörte ich im Haus Klaviermusik, weich und wiegend, und lag an der Mauer und weinte.

Aber nie mehr hat der Diener mich hinaufgeführt und vor den Hunden beschützt, und nie mehr hat ihre Hand die meine und ihr Mund den meinen berührt. Nur im Traum geschah mir das noch einigemal, im Traum. Und im Spätherbst gab ich die Schlosserei auf und legte die blaue Bluse für immer ab und fuhr weit fort in eine andere Stadt.

Der Monte Giallo

Der Monte Giallo stand inmitten eines Kreises von berühmten Bergen wenig bekannt und unwirtlich. Er galt für unbesteiglich, doch reizte das niemanden, da ringsum Dutzende von leichten, schwereren und ganz schweren Gipfeln standen. Man hatte ihn von jeher vernachlässigt, sein Name war nur in der nächsten Umgebung bekannt, die Zugänge waren weit und mühsam, der Aufstieg und vermutlich auch die Aussicht wenig lohnend, dafür war er durch böse Steinschläge, schlimme Windstellen, schlechte Schneeverhältnisse und brüchiges Gestein in einen üblen Ruf gekommen. So stand er zwischen seinen berühmten Brüdern ungeschätzt und vergessen da, als ein ruppiger und langweiliger Steinhaufen ohne Reiz und Anziehungskraft. Er blieb ohne Ruhm und Ehren, aber er blieb auch von Weganlagen, Drahtseilen, Hüttenbauten und Zahnradbahnprojekten verschont. An seinem südlichen Fuß gab es wohl einige Weiden und Sennhütten, an Touren oder gar an eine Besteigung war aber von dieser Seite aus nicht zu denken. Dort zog sich durch die ganze Bergseite in halber Höhe eine lange, senkrechte Wand von brüchigem, im Sommer braungelb schimmerndem Gestein, dem der Berg auch seinen Namen verdankte.

Wenn bei Bergen die Physiognomik nicht ebenso trügerisch wäre wie bei Menschengesichtern, hätte der Monte Giallo ein mißgünstiger und feindseliger Patron sein müssen. Auf der einen Seite die lange, neidische, einförmige Wand, auf der andern ein wirres, fleckiges Anwesen von Geröllhalden, Moränen und Schneefeldern, und oben ein schartiger Felsgrat ohne einen richtigen, säuberlichen Gipfel.

Er verharrte jedoch gleichmütig in seiner wilden Verlassenheit, sah der Beliebtheit seiner Nachbarn ungereizt und schweigend zu und meinte es mit niemand böse. Er hatte genug anderes zu tun. Der Kampf mit dem Sturm und dem Wasser, das Offenhalten der Rinnen, im Frühjahr das Hinwegschaffen des Schnees, das Lawinenrollen, das kümmerliche Pflegen der verzagten Arven und das Beschützen der sorglosen, lachenden Blumenpracht, das ließ ihn nicht zu Gedanken kommen. Und im Sommer lag er die kurze Ruhezeit hindurch atmend in der Sonne, trocknete und wärmte sich, sah träumerisch dem Spiel der Murmeltiere zu und hörte aus der Tiefe das goldene Herdengeläut und mitunter die fernen, seltsamen Töne der Menschen heraufhallen, unverstandene ahnungsvolle Klänge einer kleinen, spielerischen Welt. Er hörte sie gerne, doch ohne Neugierde, und nickte während der Sommerrast fremd und freundlich zu den Juchzern, Glockentönen, Pfiffen, Schüssen und anderen harmlosen Grüßen aus der Tiefe, wo ihm eine sorglos kindliche Welt ihr Wesen zu treiben schien. Wenn er an die ersten Föhntage im Vorfrühling und an die Frühsommernächte dachte, wo hier oben nichts fest und sicher war, wo Felswände sich senkten, Steine wie Bälle ins Tal sprangen, Wasserfluten alles Festgefügte unterspülten und sein Leben zu einem atemlosen, bald zornigen, bald entsetzten Kampf mit hundert riesenstarken Feinden machten, dann konnte er das leise, zahme Treiben in den Tiefen anhören wie die Stimmen kleiner Kinder, die sich einen Sommertag vertreiben und nicht wissen, wie dünn der Boden dieses Lebens ist, das sie für felsenfest und ewigsicher halten.

Aber es ist nichts in der Welt, auf das nicht am Ende Menschen ihre Begierde richten. Es blüht kein winziges Kraut im Spalt und liegt kein verworfener Stein am Wege, so kommt ein Mensch und schaut und befingert sie, neugierig und unersättlich, wie eben Kinder sind.

Der Sohn eines Uhrmachers im Dorf, Cesco Biondi, war ein etwas ungeselliger junger Mensch, dem es nicht gelang, auf die übliche und richtige Weise seines Lebens froh zu werden. Namentlich fehlte ihm den Mädchen gegenüber das rechte flotte Benehmen, beim Tanzen schwieg er ernsthaft und wenn ihn eine aufmuntern wollte und ihn zu necken anfing oder freundlich am Ohr zupfte, ward er vor lauter Entzücken erst recht verwirrt und hilflos, so daß er es nie zu einer Liebschaft brachte, obwohl er den schönen Mädchen heimlich mit glühenden Augen nachschaute.

Dieser Cesco Biondi gewöhnte sich unter anderen Sonderlingsbräuchen auch das einsame Umherstreifen in den Bergen an, wo er sich gut auskannte und sein stilles Vergnügen an den Höhen und Aussichten, an Tieren und Pflanzen, Steinen und Kristallen fand. Zwar unternahm er seine Ausflüge meistens in einer gewissen Trauer, denn er hatte nicht einen Überschuß an Freude, wie andere, hinauszutragen, sondern suchte vielmehr draußen etwas zu finden, was andere daheim und alle Tage haben. Ein wenig davon fand er auch zuzeiten, und allmählich gewöhnte er sich daran, an dem Dasein der Berge bescheidentlich teilzunehmen und sein unbefriedigtes Gemüt daran zu beruhigen.

Mit der Zeit kam er, der ohnehin gern eigene Wege ging und besuchtere Orte vermied, immer häufiger in das unwirtliche Gebiet des Monte Giallo, wo kaum jemals ein Mensch anzutreffen und ein entlegenes, unberührtes Stück Land zu entdecken war. Der schlecht beleumundete Berg wurde ihm allmählich lieb, und da keine Liebe vergeblich ist, tat sich auch der Berg nach und nach vor dem Wanderer auf, zeigte ihm verhüllte Schätze und hatte nichts dawider, daß dieser einsame Mann ihn besuchte und ihm hinter seine Geheimnisse zu kommen trachtete. Es entstand langsam ein halbvertrauliches Verhältnis zwischen Cesco und dem Berge, man lernte einander kennen und ließ einander gelten. Biondi fand manche abschreckend aussehende Steile zugänglich, entdeckte manche kleine, sommerliche Blumeninsel zwischen dem Gerölle, nahm hie und da einen schönen Glimmer, ein paar Blumen mit sich heim, und der alte Berg sah ihm zu und ließ ihn still gewähren.

Das dauerte länger als ein Jahr. Aber der Mensch, mit einem Bein im Reiche der Natur, mit dem anderen im Reiche der Freiheit stehend, kann nun einmal ein Stück Natur nicht unbegehrlich und rein brüderlich lieben; sondern kaum fühlt er sich wohl und einigermaßen gastlich aufgenommen, so will er der Herr sein, will an sich reißen, besiegen und über den bisherigen Freund triumphieren. So ging es auch dem Biondi. Er hatte den Monte Giallo lieb, er wanderte gern an ihm herum, lag gerne rastend zu seinen Füßen; aber kaum war eine gewisse Vertraulichkeit da, so begann er auch schon unzufrieden zu werden und Herrschergelüste zu spüren.

Bisher hatte er sich damit begnügt, den unbekannten Berg ein wenig zu erforschen, je und je ein paar Stunden in seinem Gebiet zu streifen, die Wasserläufe und Lawinenbahnen kennen zu lernen, Gestein und Pflanzenwuchs zu betrachten. Gelegentlich hatte er auch einen vorsichtigen Versuch gemacht, der Höhe näher zu kommen und etwa doch einen Weg zum Gipfel zu erkunden. Dann hatte der Monte Giallo, ohne gerade unwirsch zu werden, sich still zugeknöpft und die Vertraulichkeit ruhig abgewehrt. Er hatte dem Wanderer ein paar Steinschläge nahe kommen lassen, hatte ihn ein paarmal irrgeführt und müde gemacht, ihm den Nordwind ein wenig in den Nacken geschickt und unter seinen begehrlichen Sohlen leise ein paar morsche Steine weggezogen. Und Cesco war alsdann etwas betroffen, doch verständig und gutwillig umgekehrt. Er fand zwar den Berg ein wenig launisch, aber da er selber zu den Sonderlingen gehörte, konnte er das nicht übelnehmen.

Jetzt aber wurde das alles anders, da Cesco gegen das Ende des zweiten Sommers, von der Erbsünde verführt, seinen Berg mit immer begehrlicheren Augen anschaute und sich daran gewöhnte, in ihm nicht mehr einen Freund und gelegentlichen Zufluchtsort, sondern einen Feind zu sehen, der ihm trotzte und den er nun beharrlich belagerte und auskundschaftete, um eines Tages ihn zu unterjochen. Sein Sinn war darauf gerichtet, den spröden Berg unter sich zu bekommen, durch Kraft und durch List, auf graden und krummen Wegen. Er wanderte nun nicht mehr behaglich und getröstet in den Schluchten und an den Abhängen umher, dankbar und mit dem Möglichen zufrieden. Seine Liebe war eifersüchtig und mißtrauisch geworden, sie wollte herrschen und recht haben, und da der Berg anderer Meinung war und sich still, doch entschieden widersetzte, sah das Liebhaben und die bisherige Kameradschaft bald mehr wie Erbitterung und Haß aus.

Drei-, viermal drang der hartnäckige Wanderer empor, jedesmal mit einem kleinen neuen Fortschritt und mit wachsendem Verlangen, in diesem zähen Kampfe Sieger zu werden. Die Abwehr des Berges war jetzt nimmer gutmütig und brüderlich, es gab Angriffe und ernste Drohungen, und der Sommer endete damit, daß Cesco Biondi nach einem Absturz halb erfroren und verhungert mit einem gebrochenen Arm ins Dorf heimkehrte, wo man ihn schon vermißt und totgesagt hatte. Er lag eine Weile im Bett, inzwischen gab es am Monte Giallo Neuschnee, und es war in diesem Jahr nichts mehr zu machen. Desto grimmiger nahm Cesco sich vor, nicht nachzulassen und den ungastlichen Berg, den er nun wirklich haßte, doch noch zu unterwerfen.

Im nächsten Frühsommer sah der Monte Giallo mit Unbehagen seinen ehemaligen Freund wieder anrücken und die Veränderungen studieren, die der Winter und die Schneeschmelze angerichtet hatten. Er kam und untersuchte, zuweilen von einem Kameraden begleitet, fast jeden Tag. Und schließlich erschien er, wieder in Gesellschaft des anderen, eines Nachmittags mit reichlichem Gepäck, stieg ohne Eile ein gutes Drittel der Höhe hinan und richtete sich an einem wohlausgesuchten Orte mit Wolldecke und Kognak zum Übernachten ein. Und am frühen Morgen machten sich die beiden vorsichtig auf den Weg durch die unbetretene Höhe.

Eine schlimme Halde, die um die Mittagszeit von fallendem Steingeriesel unwegsam gemacht wurde, passierten sie ohne Gefahr noch in der Morgenkühle. Erst nach zwei Stunden begannen die Schwierigkeiten. Zäh und schweigend stiegen die beiden am Seil hinan, umgingen senkrechte Schroffen, kletterten, gingen fehl und kehrten wieder um. Dann kam eine gute, gangbare Strecke, Cesco löste das Seil, und sie schritten eifrig voran. Es kam ein Schneefeld, das leicht zu überwinden war, und danach eine glatte Wand, die von weitem bedenklich ausgesehen hatte. Nun aber zeigte sich der ganzen Wand entlang ein hinreichend breites Band, und Cesco dachte nun wenig Hindernisse mehr zu finden. Frohlockend betrat er den schmalen Steig und ging seinem Begleiter rüstig voraus. Aber er war noch nicht oben. Die Wand machte eine Biegung, und im Augenblick, da Cesco um die Krümme schritt und alles gewonnen glaubte, fuhr ihm von Jenseits unerwartet ein heftiger Sturmwind entgegen. Er wandte das Gesicht ab, griff nach seinem Hut, tat einen Fehltritt und verschwand vor den Augen des Kameraden lautlos in der Tiefe.

Der Begleiter beugte sich vor und konnte ihn unten liegen sehen, sehr tief in einer Geröllwüste, vielleicht tot. Er irrte zwei Stunden mit Gefahr umher, fand aber keinen Zugang zu dem Gestürzten und mußte endlich ermüdet den Heimweg suchen, um nicht selber noch vom Berg verschlungen zu werden. Erschöpft und traurig kam er spät am Abend ins Dorf zurück, wo sich nun eine Gesellschaft von fünf Männern zur Auffindung und Rettung des Cesco aufmachte. Sie gingen mitten in der Nacht und nahmen Decken und Kochzeug mit, um am Berg zu nächtigen und in der Frühe auf die Streife zu gehen.

Indessen lag Cesco Biondi lebend, aber mit zerschmetterten Beinen und Rippen zu Füßen jener Wand auf einem Steinhaufen. Er hörte seinen Begleiter rufen und gab, so gut er konnte, Antwort, die jener nicht vernahm. Dann lauschte er stundenlang und hörte zuweilen, daß der Kamerad noch auf der Suche war. Endlich sah er ein, daß jener habe umkehren müssen, und daß in den nächsten fünfzehn Stunden an keine Erlösung zu denken war.

Seine Beine waren beide gebrochen, wahrscheinlich mehrmals, und irgend ein Unglückssplitter war ihm in den Unterleib gedrungen, wo er verzweifelt wühlte und schmerzte. Cesco spürte, daß er übel verletzt sei, und machte sich wenig Hoffnung. Er zweifelte nicht daran, daß man ihn finden würde, aber ob er dann noch leben werde, schien ihm sehr fraglich. Bewegen konnte er sich gar nicht, die kalte lange Nacht stand bevor, und seine Verletzung schien ihm tödlich.

Leise stöhnend lag er eine Stunde um die andere und dachte an lauter Dinge, die ihm jetzt nichts helfen konnten. Er dachte an ein Mädchen, die mit ihm das Tanzen gelernt hatte und jetzt längst verheiratet war. Die Zeit, da er sie nicht sehen konnte, ohne Herzklopfen zu bekommen, schien ihm jetzt wunderbar schön und selig gewesen zu sein.

Er dachte weiter, an seine Wanderungen, und erinnerte sich des Tages, an dem er zum erstenmal an den Monte Giallo geraten war. Und es fiel ihm wieder ein, wie er damals hier dankbar und vertraulich umherging und den Berg liebgewann. Unter Schmerzen wendete er den Kopf und schaute umher und in die Höhe, und der Berg sah ihm ruhig in die Augen. Er sah den alten Gesellen an, der in der Abenddämmerung geheimnisvoll und traurig stand, mit verwitterten und zerwühlten Flanken, uralt und müde, in seiner kurzen Sommerrast nach den brausenden Todeskämpfen des Frühjahrs. Die Nacht kam, und in den Höhen dämmerte ein blasses Licht hinsterbend fort, eine ungeheure Fremde und Einsamkeit lag auf der steinernen Einöde. Nebelbänder zogen langsam und zögernd da und dort die schweigenden Wände entlang, dazwischen erschienen hoch und fern kühle Sternbilder, in einer entfernten Schlucht sang dumpf und wirr das stürzende Wasser.

Cesco Biondi sah mit seinen sterbenden Augen das alles,

als wäre es zum erstenmal. Er sah seinen Berg, den Monte Giallo, den er so wohl zu kennen geglaubt hatte, zum erstenmal in seiner tausendjährigen Einsamkeit und traurigen Würde stehen, und sah und wußte zum erstenmal, daß alle Wesen, Berg und Mensch, Gemse und Vogel, alle Sterne und alles Erschaffene – daß das alles in einem großen Drang unentrinnbarer Notwendigkeit sein Leben dahinführt und sein Ende sucht, und daß Leben und Tod eines Menschen nichts anderes ist und nichts anderes bedeutet als der Fall eines Steines, den das Wasser im Gebirge löst und der von Hang zu Hang niederstürzt, bis er irgendwo in Splitter geht oder langsam in Sonne und Regen verwittert. Und während er stöhnte und dem Tod mit frierendem Herzen entgegensah, fühlte er dasselbe Stöhnen und dieselbe namenlose Kälte durch den Berg und durch die Erde und durch die Lüfte und Sternenräume gehen. Und so sehr er litt, er fühlte sich nicht völlig einsam, und so grauenvoll und sinnlos sein schreckliches Sterben in der Einöde ihm erschien, es erschien ihm doch nicht grauenvoller und nicht sinnloser als alles, was jeden Tag und überall geschieht.

Der Monte Giallo behielt ihn bei sich, er konnte nicht gefunden werden. Im Dorfe wurde er darum sehr beklagt, da jeder ihm das Begräbnis und die Ruhe im Kirchhof gegönnt hätte. Aber er ruhte im Gestein des Berges nicht schlechter und vollzog die Gebote der Notwendigkeit nicht anders, als wenn er nach einem langen und fröhlichen Leben unter Gesang im Schatten der heimatlichen Kirche begraben worden wäre.

Wärisbühel

Hawang ist ein kleines Dorf, von dem man nie gehört hätte, wenn nicht neuerdings eine große Dampfziegelei dort entstanden wäre. Diese Ziegelei war auch schuld, daß die von Bitrolfingen nach Kempflisheim führende Lokalbahn schließlich bis Hawang weitergeführt wurde. Und da ich früher eine Vorliebe für kleine Orte hatte, die am Ende von unbekannten Lokalbahnen liegen, traf ich eines Tages gegen den Sommer hin in Hawang ein, mietete bei Bauern eine Kammer und richtete mich aufs Bleiben ein. Ich wollte ein Werk schreiben, das nur in der Stille und Ungestörtheit eines solchen Landaufenthaltes gedeihen konnte, und dessen verschiedene Dispositionen und Anfänge ich heute noch als ein Andenken an schöne Jugendjahre aufbewahre.

Natürlich zeigte es sich bald, daß auch Hawang nicht der Ort war, an dem mein Werk fertig werden konnte. Aber sonst gefiel mir die Gegend, und da das Einpacken, Aufbrechen und Abschiednehmen immer eine unerfreuliche Sache ist, blieb ich fürs erste wo ich war und beschloß, in Hawang um einen schönen Sommer älter zu werden. Ich lag viel am Waldrande und sah den Bauern bei den Juniarbeiten zu, fischte heimlicherweise im Tälisbach, besah mir den Betrieb der Dampfziegelei und erzählte abends den müden Hausleuten von meinen Reisen und Plänen, bis sie es satt hatten und nimmer zuhörten.

Alsdann entstand eine Zeit der Langeweile. Wenn ich morgens aus dem Bette war, so um sieben Uhr, wanderte ich durchs Dorf und besann mich lange, welchen Weg ich einschlagen solle. Manchmal ging ich dem Wald zu bergan, manchmal links talabwärts gegen die Ziegelei, manchmal talauf um zu angeln, und zuweilen kehrte ich auch am Ende der Dorfstraße wieder um, ging heim und setzte mich in den Obstgarten, wo ich die kleinen grünen Äpfel im Laube reifen sah und die Bienen und Hummeln im Kraut sumsen hörte. Einigemale ging ich auch zum Bahnhof, einem drei Meter langen Gebäude aus Wellblech, sah den einzigen täglichen Zug ankommen oder abfahren, jemand aussteigen oder niemand aussteigen, wie es traf, und gerade hier am Bahnhof überkam mich das Bewußtsein der Langeweile am meisten. Einst fing ich ein Gespräch mit dem Vorstand an, erfuhr die Frachttarife der Bahn und die Entfernungen aller Stationen in Kilometern und fragte schließlich, nur weil der Tag so lang war und ich die Unterhaltung nicht schon wieder eingehen lassen wollte, ob es auf dieser Bahn auch Abonnentenbillette gebe. Der Stationsvorstand gab mir genaue Auskunft. Es gab Billette von hier nach Bitrolfingen, die für vierundzwanzig Fahrten galten und so und so viel kosteten. Die Ermäßigung gegenüber den gewöhnlichen Billetten war, wie mir der Vorstand ausrechnete, ganz bedeutend, und jeder, der hier wohnte und zuweilen in Bitrolfingen zu tun hatte, besaß selbstverständlich ein solches Abonnement. Ich weiß nicht mehr genau, wie es ging, aber am Ende fühlte ich, schon weil ich den höflichen Beamten so lange in Anspruch genommen hatte, die Verpflichtung, mir ein Abonnement zu kaufen. Und nun konnte ich jeden Tag, wenn ich Lust hatte, nach Bitrolfingen fahren, nur heute nicht mehr, denn der Zug war schon abgegangen.

Am folgenden Mittag erschien ich mit dem angenehmen Gefühl, etwas zu tun und ein Ziel vor mir zu haben, auf dem Bahnhof und wartete auf die Abfahrt des Zuges. Reisende waren außer mir nicht da, aber es wurden zwei Wagen Ziegel angehängt, und nachdem mein Wagen schön von der Mittagssonne durchwärmt war, fuhren wir mit Getöse ab. Der Schaffner erschien sogleich und machte das erste Loch in meine gelbe Abonnementskarte und ließ sich, da ich nun Stammgast war, in ein Gespräch mit mir ein, das mich bis Kempflisheim aufs beste unterhielt. Dort hielten wir eine Rast und nahmen zwei Passagiere auf. Der eine schlief sogleich in einer Ecke ein. Der andere, den ich auf einen Viehhändler taxierte, nahm den Schaffner in Beschlag, und dieser ging, meiner nimmer achtend, auf die Unterhaltung mit dem älteren Fahrgast so eifrig ein, daß ich die Hoffnung aufgab, ihn nochmals an mich zu fesseln und zum Fenster hinausschaute.

Da lernte ich mancherlei Neues kennen. Die Namen der Stationen bis Bitrolfingen, deren nicht wenige sind, könnte ich jetzt noch auswendig hersagen. Die Bahnhöfe waren zum Teil auch wieder aus Wellblech, doch gab es auch drei steinerne, namentlich den von Wärisbühel, von dem noch zu reden sein wird. Allmählich wurde unser Wagen recht voll, doch setzte sich niemand zu mir, da ich fremd war, und ich fuhr fort, die Fluren, Wälder und Ortschaften anzuschauen. Bei jedem Bahnhof stand ein Wirtshaus und an jedem hing dasselbe Schild »Gasthaus zur Eisenbahn«. An jeder Station war ein Vorstand mit roter Kappe, und hinter der kleinen, staubigen Fensterscheibe seines Quadratmeterstübleins sah man einen Telegraphen-Apparat: ein Messingrädchen mit einem unendlichen, schmalen Papierstreifen darüber.

Ich sah viel auf dieser Fahrt, was ich nicht alles beschreiben kann. Einiges habe ich wieder vergessen, anderes sitzt schon locker und wird wohl mit der Zeit auch verstauben und versinken – eins aber habe ich nicht vergessen und werde es wohl auch nie vergessen. Das ist der Bahnhof von Wärisbühel.

Dieser Bahnhof fiel schon dadurch auf, daß er aus Stein gebaut war und nicht nur ein Erdgeschoß wie die andern, sondern ein oberes Stockwerk mit vier Fenstern besaß. Unten stand der Vorstand, hinter seiner Glastür glänzte geheimnisvoll das kleine Messingrad, neben der Tür hing ein Briefkasten und darunter saß am Boden ein kleiner Bub mit einem weißen Spitzerhund. Dies alles nahm ich aber nur mit einem flüchtigen Blicke wahr. Dann wandte ich den Blick nach oben, wo die vier Fenster lachten. Es war eine Freude, sie zu sehen, auf jedem Simse standen wohl sechs grüne Töpfe, und daraus hingen ganze Mengen von Nelken herunter, von allen Farben, namentlich aber weiße und rote. Man meinte sogar, durch die staubige, dicke Bahnhofluft ihren Duft zu spüren.

Es war das Hübscheste, das ich auf der ganzen Fahrt gesehen hatte. Seit einigen Stationen war eine gewisse Schwere und Beklemmung über mich gekommen, welche der in Hawang zurückgelassenen Langeweile unheimlich ähnlich sah, und ich hatte mit Kummer an die 23 Billette gedacht, die ich noch zu verfahren hatte. Beim Anblick des stattlichen Bahnhofes und der nelkengeschmückten Fenster nun stieg wieder Freude und Lebenslust in meiner Seele auf, ich spann menschenfreundliche Phantasien und gab nichts mehr verloren.

Und wie denn eine Freude selten allein kommt, ging mir auch hier hinter dem Nelkenwunder noch ein anderer Zauber auf, obwohl es eine gute Weile dauerte, bis ich ihn entdeckte. Zum Glück hielten wir an dieser bedeutenden Station über eine Viertelstunde, und nachdem ich mein

Auge mit Muße an den lieben Blumen gelabt hatte, tat sich mir noch etwas Schöneres kund. Nämlich im dritten Fenster, halb hinter den Blumentöpfen verborgen, stand geheimnisvoll in der dunklen Stube ein schönes Mädchen mit schwarzem Haar und hellen Wangen, die schaute aufmerksam und neugierig zu uns herunter. Das liebe Kind, dachte ich, da steht sie nun und schaut herab, vielleicht bei jedem Zug, und langweilt sich und sucht ein neues Gesicht und einen kurzen Schimmer von draußen, um nachher den langen stillen Tag daran zu denken und etwas zum Sinnen zu haben. Sie gefiel mir und tat mir leid, obwohl ich nichts von ihr wußte, und ich hatte mein Vergnügen daran, wie sie hinter ihrem hängenden Gärtlein hervorschaute.

Indem fiel ihr Blick auch auf mich und ich zog den meinen bescheiden zurück, wagte aber nach einiger Weile doch wieder hinzusehen, und da stand sie immer noch und sah mich an, gerade mich, und ich konnte nicht gleich wieder wegsehen, sondern sah ein paar Sekunden lang gerade in ihre dunklen Augen hinein. Sie blieb regungslos stehen und hielt den Blick aus, ohne zu blinzeln, so daß ich der Erste war, der verlegen ward und wegschaute. Da fuhr auch der Zug wieder munter davon und tat eilig, und ich saß still auf meinem Bänklein und dachte lauter schöne Sachen. Der Tag und die Fahrt und das Abonnement freute mich jetzt wieder. Ich besann mich, ob ihr Haar schwarz oder vielleicht doch nur braun gewesen sei, und dachte mir aus, was sie jetzt wohl tun möge, etwa die Blumen gießen und einen Strauß davon auf ihren Tisch stellen, wo sie ihre Nähsachen und kleinen Besitztümer hat, ein Buch und ein paar Photographien, ein Nadelbüchslein aus Elfenbein und einen Mops oder Löwen aus Marmorstein.

Stationen gingen vorüber und ich merkte es kaum, als wär' es ein Schnellzug. Am Ende kamen wir nach Bitrolfingen und mußte alle aussteigen. Da hatte ich drei Stunden Zeit, mir das Städtlein anzusehen, ein Bier zu trinken und zu erfahren, daß die Sakristei mit den Schnitzereien heut geschlossen und der Mesner nicht zu Hause sei. Was lag daran, ich würde ja bald wieder herkommen. Mein Bier trank ich in einem Wirtsgarten unter runden Kastanienkronen, und um die Heimkehr nicht zu versäumen, ging ich zeitig zum Bahnhof zurück, wo ich durchs Fensterlein dem Beamten beim Telegraphieren zusah. Doch merkte ich bald, daß hier die Verhältnisse großartiger waren. Der Vorstand schickte mehrmals unwillige Blicke heraus, da mein Zuschauen ihn ärgerte, und da ich noch stehen blieb, riß er das Fenster auf und rief: »Was gibt's? Wollen Sie ein Billett? Der Zug geht erst in einer halben Stunde!«

Ich zog den Hut und sagte: »Nein, danke. Ich habe ein Abonnement.« Da wurde er höflicher und duldete mich weiter am Fenster, während er seinen Papierstreifen punktierte. Die Zeit verging, man konnte einsteigen. Es wurde schon abendlich, als wir dahinfuhren, aber die Tage sind im Juni lang, und als wir nach Wärisbühel kamen, stand noch immer die Sonne am Himmel und schien gar golden und warm auf die Bahnhoffenster und die farbigen Nelkenstöcke. Das Mädchen, nach dem ich diesmal ohne Zeitversäumnis ausschaute, war nicht da, und da schien mir der ganze Glanz unnot und verschwendet. Aber gerade als es vorne wieder schnob und zischte, und der Schaffner, dem nahen Feierabend entgegen, mit verdoppeltem Eifer die Türen zuschlug, da erschien am dritten Fenster groß und schön das dunkelhaarige Mädchen, lächelte auf den abdampfenden Zug herunter und machte das Freudenflämmlein in mir wieder hoch aufglühen. Mir schien diesmal, ihr Haar sei doch nicht ganz schwarz, sondern habe einen hellen, ja fast goldigen Schein in sich verborgen, doch mochte das auch vielleicht nur von der Abendsonne herkommen.

Zufrieden mit meiner Reise und dem so hingebrachten halben Tag kam ich in Hawang an, wo ich wieder der einzige Fahrgast war und vom Vorstand mit einer ermunternden Art von Kollegialität begrüßt wurde, als hinge ich durch mein Abonnement nun nahe mit dem Eisenbahnwesen zusammen. Daheim in meiner Bauernkammer sah mich alles ein wenig trostlos an, als sei ich gar lange fortgewesen, und vor dem Einschlafen nahm ich mir vor, am anderen Tag wieder nach Bitrolfingen zu reisen. Dann wäre vermutlich die Sakristei mit den kunstgeschichtlichen Raritäten geöffnet, das Bier würde unter den schattigen Kastanien wieder vortrefflich schmecken, der dortige Bahnbeamte würde den Stammgast in mir erkennen und freundlicher sein, mir vielleicht sogar das Telegraphieren zeigen, worauf ich längst neugierig war. Möglicherweise würde auch in Wärisbühel das Fräulein wieder hinter den Nägelein stehen, auf alle Fälle aber würden die Nelken da sein und die Fahrt kostete gewissermaßen nichts.

Dennoch aber blieb ich den andern Tag in Hawang. Es war mir eingefallen, jenes Fräulein könnte doch am Ende finden, ich komme ihretwegen schon wieder, und möchte beleidigt sein oder mich sonst falsch beurteilen. So blieb ich denn da, besuchte die Dampfziegelei und lag den Nachmittag mit einem Reclamheftchen im Heu, bis der Hunger mich ins Dorf trieb.

Am nächsten Mittag jedoch schien mir die Reise doch angängig. Ich konnte ja, falls das schöne Mädchen kein freundliches Gesicht machte, mich in den Wagen zurückziehen und sie nur verstohlen betrachten. Auch wollte ich nun die Altertümer von Bitrolfingen entschieden einmal sehen und auch sonst die Gelegenheit benutzen, mit meinem Billett diese Gegend recht kennen zu lernen und mancherlei Beobachtungen und Studien zu machen. Darum reiste ich mit gutem Gewissen ab, sah den Schläfer und den Viehhändler und die meisten anderen Mitreisenden von vorgestern wieder einsteigen, gab dem Schaffner eine Zigarre und fühlte mich in dem Zug schon recht eingebürgert und zugehörig. Etwas vor Wärisbühel stellte ich mich auf die Lauer und sah bald das steinerne Gebäude, den Briefkasten und die Blumenfenster auftauchen, wo ich mir im Herzen eine kleine Heimat und Gedankenherberge errichtet hatte. Auch wich ich gar nicht vom Platz, als an ihrem alten Orte das Mädchen erschien und sich den Zug ansah. Sie schaute zuerst nach dem kleinen Coupé im vordern Wagen, unserer zweiten Klasse, die jedoch leer war, dann nach unseren Fenstern, und da entdeckte sie mich richtig, sah mir wieder ins Gesicht und mir schien, sie habe ein ganz kleines, schönes Lächeln darin aufgetan, das ich zwar keineswegs auf mich beziehen durfte, das ich aber als ein schönes Ereignis in der Stille unbedenklich mitfeierte. Sie stand wieder etwas in der Stube zurück, daß nicht jeder sie sehen konnte, und ihr Haar sah jetzt wieder völlig schwarz aus, auch die Augen im hellen, blassen Gesicht dunkelten tief. Im Abfahren schaute ich immer noch hinauf und behielt sie im Auge, und auch sie blieb stehen, und ich sah sie noch, als sie schon ganz klein und undeutlich wurde. Mir kam es vor, sie lächle jetzt überaus lieb und herzlich, gerade auf mich zu, doch war das mehr ein Spiel meiner Einbildung als Wahrheit, denn ihr Gesicht war in solcher Entfernung nur noch als lichter Fleck zu erkennen.

Da ich nicht wußte, wie sie hieß, und mich auch nicht getraute, jemand zu fragen, konnte ich mich auf der ganzen Fahrt darüber besinnen und schöne Namen für sie ausdenken. Hedwig schien mir anfänglich das Richtige und Schönste, doch sah ich bald wieder ein, daß Gertrud doch weit schöner und passender war, und nun hatte sie bei mir den Namen Gertrud, und wenn ich zu meinen Gedanken von vorgestern die heutigen Vorstellungen und den Namen tat, so hatte ich von der Unbekannten schon ein recht gutes Bild.

In Bitrolfingen sah ich die Sakristei und die alten geschnitzten Stuhllehnen und gemeißelten Grabtafeln verwichener Herren und Kleriker, hielt jedoch nicht allzulange dabei aus und war beizeiten wieder auf der Station, wo unsere Lokomotive geölt wurde und Wasser bekam. Der Vorstand erwiderte meinen Gruß höflich und fragte sogar, ob ich aus Wärisbühel komme. Als ich sagte, nein, aus Hawang, rühmte er die Entwicklung der dortigen Ziegelei und sprach die Vermutung aus, ich sei dort angestellt. Ich ließ ihn bei diesem Glauben, der mir nur förderlich sein konnte, und da ich in den Zug stieg, war mir's, als täte ich das schon zum hundertsten Male, und als hätte ich wirklich auf der Lokalbahn und in der Gegend etwas zu suchen.

Die Sonne schien abendlich und golden über die Wiesen und roten Dächer, als wir nach Wärisbühel kamen, der kleine Bub war auch wieder da, diesmal ohne den Spitzerhund, und droben stand schon wartend das Mädchen, hatte einen Sonnenstrahl in den Haaren und auch einen Abglanz davon auf dem Gesicht, so daß ich sie recht deutlich betrachten konnte. Ich schätzte sie auf zwanzig Jahre. Und dieses Mal war es keine Einbildung – als der Zug anzog und ins Rollen kam, glühte auf ihrem hellroten Mund ein klares, herziges Lächeln auf, und mit diesem Lächeln im Gesicht sah sie mir in die Augen, daß mir das Herz lachte und zitterte. Schau, dachte ich, sie kennt dich noch und nimmt dir nichts übel! Und es tat mir in der Seele wohl, daß ich mir nun vorstellen durfte, sie denke vielleicht auch an mich, wie ich an sie und mache sich Gedanken über den fremden jungen Mann.

Nun war ich also, wenn auch nicht zum erstenmale, verliebt, und dieser Zustand gefiel mir äußerst wohl. Die Langeweile war vollständig vergangen, und ich schämte mich vor mir selber, daß ich in der schönen Gegend noch kürzlich so taub und faul umhergetrottelt war. Die Wälder lagen jetzt am Morgen so königlich und friedlich hinter den hellen Feldern, wie der herrlichste Dichter es nicht sagen konnte, und die Berge in der Ferne schauten so still und gedankenvoll herüber, daß ich beständig zu schauen und zu denken hatte und mir der nächste Tag schnell und leicht verging wie noch keiner in diesem Dorf. Überall war Gottes Schöpfung am Werk und alles glänzte von Licht und Lebenswonne.

Dennoch genügte die Pracht mir nicht lange, und ich fuhr schon nach zwei Tagen wieder den alten Weg. Ja, sie war am Fenster, und wenn ich recht sah, so hatte sie beinah auf mich gewartet und war nun froh, mich wiederzusehen. Wenigstens machte sie ein stilles Freudengesicht und sah mich aus den dunklen Augen auf eine solche Weise an, daß es mir über die Haut ging, wie wenn sie mir einen Kuß gegeben hätte. Und kaum hatte ich das gedacht, da stach mich auch schon die Lust, und ich nahm mir im Herzen vor, früh oder spät von diesem Geschöpf einen Kuß zu erhalten, was mir als äußerster Hort der Seligkeit und dennoch vielleicht nicht allzu kühn gewünscht erschien. Von einem schönen ernsthaften Mädchen auf den Mund geküßt zu werden, das war mir immer schon als ein wunderlicher Traum vor der Seele gestanden, doch hatte es sich nie ereignen wollen. Jetzt aber schien mir alles möglich, und ich empfand, daß diese Sache im Begriff war, ein richtiges Abenteuer zu werden. Wohl hätte ich ihr gleich jetzt zunicken oder heimlich winken können, doch schien mir das immerhin viel gewagt, und ich beschloß, die Rückfahrt abzuwarten und mir diesen Schritt bis dahin zu bedenken.

Damit hatte ich für die Fahrt und für den Aufenthalt in Bitrolfingen und noch für die Rückreise genug zu sinnen, und am Ende blieb es bei dem Entschlusse, sie heute durch irgend ein Zeichen oder Winken zu grüßen. Wenn sie dann Antwort gab, so war es gut, und ich konnte weiter sehen, wenn nicht, so konnte sie mich eben nicht leiden, und ich mochte dann weitere Jahre ungeküßt herumlaufen.

Es gelang mir auch, den Entschluß auszuführen. In Wirklichkeit hatte ich kaum die Gertrud erblickt, so nickte ich ihr zu und machte eine grüßende Bewegung mit der Hand. Es geschah beides sehr vorsichtig und wenig deutlich, doch entging es ihr nicht, und sie gab zu meiner Freude Antwort, indem sie lächelte und zweimal mit dem Kopfe nickte.

Nun wäre ich am liebsten sofort ausgestiegen und durch die Tür und die Treppe hinan zu ihr hinauf gesprungen. Ich schaute ihr nochmals fragend ins Gesicht, und sie steckte abermals ihr leuchtendes Lächeln wie eine festliche Freudenfahne aus. Da verbreitete sich die Gewißheit, daß sie mich wohl leiden und meine Verehrung gerne dulden möge, über mein Gemüt wie ein herzhafter Morgenschein, und ich war bereit, auf ihren Wunsch mich unter die Räder zu legen. Indem fuhr der Zug wieder ab, ich nahm mit einem stillen Gruße Abschied und reiste durch die Abendpracht heimwärts als durch ein verklärtes Land.

Das war eine schöne Stunde, wohl eine von den schönsten Stunden, an die ich zu denken weiß. Sie lachte in ihrem goldenen Scheine, erweckte mir das junge Herz und gab meinen Gedanken rosige Flügel, damit ich leicht und selig in alle Jugendparadiese flog. Und sie neigte sich, ohne daß ich dessen acht nahm, und war vorbei, ehe ich es wußte, wie jedes Glück.

Nun hatte das Abenteuer mich entzündet, und auf das stille Gefühl des Glücks und der Erfüllung folgte ein Plänebauen und Mehrbegehren und zugleich eine Angst und Verzagtheit, denn ich hatte in Liebessachen keinerlei Erfahrung. Zwei Tage gingen mir mit fruchtlosem Nachsinnen verloren. Mein Wunsch war, nun nach Wärisbühel zu fahren, dort auszusteigen und auf irgendeine Weise mit ihr zusammenzukommen. Ohne mir allzukühne Hoffnungen zu machen meinte ich doch erleben zu sollen, daß mich eine schöne Jungfer freundlich empfange und mir einen Kuß gebe. Allein, sobald ich mir ausdachte, wie es alsdann wäre, wenn ich dort am Bahnhof stünde, wie ich zu ihr kommen und was ich zu ihr sagen solle, daß ihr Vater und vielleicht ihre Mutter da sein würden, dann stand alles wie ein Berg vor mir und erschien mir unmöglich. Auch meine Gewißheit verließ mich wieder ganz. Wohl hatte sie mir freundlich zugenickt und mich angelächelt, ja, aber was wollte das bedeuten? Am Ende hatte sie das schon manchem Vorüberreisenden getan, in aller Unschuld, und wenn ich nun käme und stünde da und begehrte mehr, wie würde das aussehen? Sie wußte ja nichts von mir, noch viel weniger als ich von ihr. War sie denn für meine frechen Träume verantwortlich? Ach, sie hatte mir gegeben, was sie gern gab, einen Gruß und einen Abglanz ihrer

Lieblichkeit, und ich wollte jetzt kommen und Ansprüche machen!

Am dritten Tage wußte ich mir keinen Rat, als wiederum zu reisen. Dann konnte ich immer noch in Wärisbühel aussteigen oder weiterfahren, wie es sich gab. Ich stieg ein, der Schaffner grüßte vertraulich und machte mir ein neues rundes Löchlein in mein Abonnement, der Viehhändler kam auch wieder, und vor den Scheiben zogen die wohlbekannten Bilder vorbei, von denen mir immer eines glückbringend und das nächste verhängnisvoll vorkommen wollte.

Wir kamen am Ende, so lange es mir auch dauerte, nach Wärisbühel. Da wollte mir der Herzschlag stehen bleiben, als ich die Gertrud am Bahnhof stehen sah, eine große Tasche in der Hand, und bei ihr den Vorstand und den kleinen Buben und eine kleine, magere Frau, wohl die Mutter. Sie und die Tochter waren in Reisekleidern, und das Mädchen hatte rote Augen und Tränen auf den Backen stehen.

Sie gab dem Vorstand einen Kuß in seinen blonden Bart und stieg mit der Mutter ein. Und sie stiegen in meinen Wagen, nahmen ganz in meiner Nähe Platz. Ich wagte nicht sie anzusehen, bis der Zug im Fahren war, und sie aus dem offenen Fenster zurückwinkte. Da konnte ich sie betrachten und sehen, daß sie wahrhaftig wunderschön war. Ihre Haare waren dunkelbraun, und ihre Augen ebenso, aus den Abschiedstränen lächelte sie schon wieder mit demselben hellroten Munde, mit dem sie damals mir zugelächelt hatte. Sie setzte sich nun und plauderte mit der Mutter; mich sah sie nicht oder schien mich doch nicht zu kennen. Und ich hörte das halbe Gespräch, und daß sie wirklich die Tochter war, und dann sprach sie von einem Robert, und dann von ihrem Mann, und ich begriff allmählich, daß sie verheiratet und bei den Alten zu Besuch gewesen war.

In Bitrolfingen verschwand sie mit ihrer Mutter im Wartesaal, und zwar im Wartesaal zweiter Klasse, obschon sie in der dritten fuhr, und mir fiel ein, wie oft ich mich darüber geärgert hatte, Reisende der dritten Klasse im Wartesaal der zweiten warten zu sehen. Freilich war sie die Tochter eines Bahnbeamten.

Als ich das nächste mal denselben Weg fuhr, hatte ich meinen Koffer mit und reiste weiter, in eine andere Gegend. Das Abonnement hatte ich meinem Hauswirt geschenkt. Und es kamen andere Zeiten, ich vergaß das meiste, nur die Namen der Stationen nicht, und nicht die Nelkenfenster. Ich blieb weiterhin ungeküßt, und wenn auch das inzwischen anders geworden ist, so wollte doch die schöne Gertrud und meine törichte Reisephantasie nicht ganz aus meiner Seele weichen, sondern blieb verborgen darin wohnen und sieht mich noch heute zu manchen Stunden fast wie eine wirkliche Jugendliebe und wie ein wirkliches Jugendglück an.

NACHWORT

»Leider kein humoristischer Rezitator…«
Hermann Hesse's Saarbrücker Lesung
vom 22. April 1912

I.

Sie wird zustande gekommen sein, wie solche Veranstaltungen immer zustande kommen: durch eine Einladung an den Autor. Es war eine der frühen Lesungen in Hesses Schriftstellerlaufbahn, viele Dutzend sollten ihr folgen. Doch diese eine ist dem Autor bis an sein Lebensende in Erinnerung geblieben, sie ist die Grundlage gewesen für eine seiner schönsten und meistgedruckten Erzählungen.

II.

Die an der Saar lebenden Württemberger hatten sich – wohl Anfang des 19. Jahrhunderts und dem Beispiel anderer landsmannschaftlicher Gruppierungen folgend – in einer eigenen Organisation zusammengeschlossen, dem »Verein der Württemberger« (1). Die Vereinszwecke waren ver-

mutlich geselliges Beisammensein, die Pflege der Erinnerung an die Heimat und die Stärkung des Zusammengehörigkeitsgefühls. Man traf sich regelmäßig, »Zusammenkunft jeden 2. oder 3. Sonntag im Monat, abends 8 Uhr« (2), und die Namen der (häufig wechselnden) Vereinsvorsitzenden finden sich in den Saarbrücker Adressbüchern jener Jahre mit Anschrift und Berufsbezeichnung.
Für die Veranstaltungen des Vereins wurde in den einschlägigen Periodika geworben, und an den üblichen Vorverkaufsstellen konnte man Eintrittskarten erwerben. Und stets wurde auf das Vereinslokal hingewiesen: die »Tonhalle« von Karl Stroh, ein sog. Konzert- und Gesellschaftshaus mit großem Theatersaal, mehreren Speisesälen und Vereinsräumen, einer Kegelbahn und einem Billardzimmer in der Alt-Saarbrücker Wilhelm-Heinrich-Strasse 21. Das großzügig konzipierte Gebäude stand unmittelbar neben dem Neumarkt, einem der Zentren der wenige Jahre zuvor, am 1. April 1909, durch den Zusammenschluß der drei Saar-Gemeinden entstandenen Großstadt. Das 1882 fertiggestellte Lokal wurde durch Luftangriffe auf Saarbrücken kurz vor Ende des Zweiten Weltkriegs zerstört (3).
Jemand aus dem Verein mag von dem jungen, im Jahre 1877 in Calw geborenen Landsmann gehört haben, denn dessen 1904 erschienene Erzählung »Peter Camenzind« hatte den Namen des bis dahin weitgehend unbekannten Autors über Nacht in Deutschland bekannt gemacht. Überdies war ihm ein mit 1000 Kronen dotierter Preis zuerkannt

worden, der Schwäbische Schillerverein hatte ihn zum korrespondierenden Mitglied ernannt, die erste Hesse-Gemeinde hatte sich zusammengefunden, und der Name des Autors war in Meyers Konversationslexikon – sogar in den kleinen Meyer – aufgenommen worden.
Von all dem mag Kunde bis nach Saarbrücken gedrungen sein, vielleicht hatte ein Vereinsmitglied auch die 1906 erschienene Schülergeschichte »Unterm Rad« gelesen, oder den vier Jahre später veröffentlichten Musikerroman »Gertrud«.
Allzu viel wird man gleichwohl nicht über den jungen Autor gewußt haben. Doch sein Geburtsort Calw – oder Kalw, wie man damals schrieb – war den Württembergern im Saarland zweifellos vertraut. Der eine oder andere mag schon einmal in dem 4522 Einwohner zählenden Städtchen gewesen sein. Möglicherweise kannte man den an der Nagold gelegenen Ort im Schwarzwaldkreis auch vom Umsteigen, denn Calw war der Knotenpunkt bzw. die Endstation der Linien Zuffenhausen – Calw sowie Pforzheim – Horb der Württembergischen Staatseisenbahn (4).
Wie dem auch sei: Ein Calwer sollte kommen, die emotionale Verbindung zur württembergischen Heimat konnte aufgefrischt werden, die Diaspora im Saarland versprach wenigstens einen Abend lang ein wenig angenehmer zu werden.

III.

So mag es sich zugetragen haben, überliefert ist weder ein Brief des Vereins noch eine Kopie des Antwortschreibens (5). Die Einladung an den Landsmann wird für die Vereinsmitglieder mit besonderen Erwartungen verknüpft gewesen sein, im Unterschied zum Autor, der damals, obwohl erst Mitte Dreissig, bereits ein Routinier in Sachen Lesungen war. Denn seit Anfang des Jahrhunderts hatte er nicht nur in der Schweiz – in Zürich, Aarau, Winterthur, Bern, Basel und St. Gallen – öffentlich gelesen, er war auch in Deutschland unterwegs gewesen, in Düsseldorf und Heilbronn, in Heidelberg und Freiburg. Es gab sogar bereits bescheidene Ansätze einer Lesetournee, etwa im Oktober 1909: So trat er innerhalb von zwei Wochen in Bremen (11.10.), Osnabrück (19.10.) und Braunschweig (25.10.) auf (6).
Hesses Fahrt nach Indien im Jahre 1911 verursachte eine Unterbrechung dieser Vortragsreisen. »Giltig vom 3. September an: Wir bitten davon Kenntnis zu nehmen, daß Herr Hermann Hesse für eine längere Zeit nicht in der Lage ist, Briefe zu beantworten, da er für eine Reihe von Monaten in den Tropen auf Reisen ist«. Diese Benachrichtigungskarte ließ der Autor verschicken, wenn Anfragen kamen (7).
Möglicherweise hat Hesse die Einladung nach Saarbrücken bei seiner Rückkehr aus Indien in Gaienhofen vorgefunden, wo er bis September 1912, bis zu seinem Umzug vom Bo-

densee nach Bern, lebte. Jedenfalls brach der Autor im Frühjahr 1912 erneut zu Lesungen auf; die erste Reise führte ihn am 23. März nach Wien, die zweite, Ende April, nach Saarbrücken (8).

IV.

Hesse kam mit der Preußischen Staatsbahn vermutlich über Mannheim nach Saarbrücken. Das 1852 im wilhelminischen Festungsstil erbaute und vor dem Ersten Weltkrieg erweiterte Bahnhofsgebäude der Stadt lag etwas außerhalb des Zentrums, und zwar – aus strategischen Gründen – rechts der Saar. Dort wurde er, wenn wir der Erzählung glauben dürfen, von Gottlob Fritz erwartet, dem Ersten Vorsitzenden des »Vereins« in den Jahren 1911 und 1912. Der Geschäftsmann – trug er einen »breiten grauen Backenbart«? – wohnte in der Mainzerstrasse 23.
»Emil Schievelbein« heißt er in der Erzählung, und spätestens mit diesem Namen beginnt die literarische Fiktionalisierung jener Ereignisse, deren tatsächlichen Verlauf wir nicht mehr rekonstruieren können. Doch dürften sich die beschriebenen Mißverständnisse und Pannen ganz ähnlich zugetragen haben, denn Hesse bekräftigte noch in einem viele Jahre später, im November 1953 entstandenen Brief: »Das Städtchen war Saarbrücken, und es ist alles wörtlich wahr, Philisterhaus mit goldenem Stuhl und Papagei, Vorlesung im halbleeren Sälchen überm Riesensaal mit Bierkonzert,

und alles« (9). Genauso wahr dürfte wegen der unterschiedlichen Erwartungen allerdings auch die Irritation der Vereinsmitglieder gewesen sein: Saarbrücken als der Ort, wo alles schief gelaufen ist, Querburg eben.

Es ist verlockend, den topographischen Grundlagen einzelner Details der Erzählung nachzuspüren. Etwa den Klinkern, aus denen – nach einer Auskunft des Vorsitzenden Fritz alias Schievelbein – »hier alles gemacht« sein soll. Das könnte eine Anspielung sein auf den sog. Sonnenstein von Jaumont. Mit diesem auffälligen gelben Stein, der in Lothringen in der Nähe von Metz gebrochen wurde, war zwar nicht – wie in der Erzählung angegeben – das Postamt verkleidet, sehr wohl aber, neben zahlreichen anderen Gebäuden der Stadt, die Fassade der Preußischen Bergwerksdirektion sowie die gegenüberliegende Bergingenieurschule (10). An diesen beiden markanten Bauwerken in der Nähe des Bahnhofs dürfte Hesse auf dem Weg in die Mainzerstrasse vorbeigekommen sein. Doch Spekulationen dieser Art sind für den Reiz der Erzählung letztlich bedeutunglos.

Und erst recht wagt sich auf dünnes Eis, wer Mutmaßungen anstellt über die Namenswahl literarischer Protagonisten. Allerdings darf man wohl davon ausgehen, daß dem Autor bei der Taufe seiner männlichen Hauptfigur ein anderer Schievelbein präsent gewesen ist: der unfreiwillige Held aus seinem zwei Jahre zuvor entstandenen Libretto zur komischen Oper »Der verbannte Ehemann«.

Es geht darin um einen deutschen Siedler, der im 17. Jahrhundert in dem von Holländern verwalteten Südafrika durch Kolonialgeschäfte Reichtum erworben hat. Weil er zugleich aber faul und behäbig geworden ist, wirft die energische Ehefrau den »Liedrian« (11) schließlich hinaus: »Hier in meinem Hause/ hast du ausregiert«. Für drei Dukaten verkauft sie ihn, damit er lerne, wieder fleißig zu arbeiten, als einfachen Matrosen an einen befreundeten Kapitän, dessen Schiff am nächsten Morgen nach Indien ausläuft. Nach allerlei Abenteuern kehrt Schievelbein viele Jahre später zu seiner Frau zurück und beide versöhnen sich wieder: »Keiner ist ja ohne Schuld,/ Also üben wir Geduld,/ Und im Hause Schievelbein/ Soll für immer Friede sein« (12).
Die Vorlage dieser Posse war eine in der deftigen Sprache des 17. Jahrhunderts erzählte Kurzgeschichte Hesses aus dem Jahre 1905: »Anton Schievelbeyn's ohnfreywillige Reisse nacher Ost-Indien« (13).
So darf man die Wahl des Namens »Schievelbein« für seinen Gastgeber wohl als ironischen Kommentar des Autors auffassen, der dem allzu biederen Saarbrücker Bürger ein wenig von dem Übermut und dem Über-die-Stränge-Schlagen seines Namenspatrons gewünscht haben mag: »So bald ich nun bey so erklecklichen Wolstande gelangt war, (...) verfürete mich allso bald der Teuffel, u. fihl allmälig in grossen HochMuth, Freßen u. Sauffen, wolte wol leben, u. wenig arbeiten, Summa war nicht alß Lust, u. Lermen, u. fröliges leben« (14).

V.

Unterhaltende Veranstaltungen waren zu jener Zeit üblich in der »Tonhalle«. Zwei Tage nach der Lesung von Hermann Hesse veranstaltete ein Professor Marcell Salzer, Herausgeber des »Lustigen Salzer-Buchs«, einen »einzigartigen lustigen Abend«. Rezitiert wurde Texte von Wilhelm Busch, Theodor Fontane, Heinrich von Kleist, Börries von Münchhausen, Rideamus, Peter Rosegger, Ludwig Thoma, Ernst von Wolzogen und anderen (15).
Einen Tag später trat der »bekannte Anti-Mystiker und Spiritisten-Entlarver Stuart Lancourt« auf, der die »Vorführung und sofortige Enthüllung der rätselhaftesten und verblüffendsten Experimente aus dem Spiritismus und der Taschenspielerei« versprach, sowie die »Aufdeckung der raffiniertesten und verstecktesten Schliche und Kniffe« (16).
Bereits am 17. April hatte es in der »Tonhalle« ein Frühlingsfest gegeben, einen »Großen humoristischen Musik-Abend«, der von der »beliebten humoristischen Künstler-Kapelle von Fritz Grothe« veranstaltet wurde (17).
»Wollen Sie lachen? Dann gehen Sie in die Tonhalle«, so lautete der Text einer in jenem Frühjahr häufig gedruckten Anzeige, mit der für Veranstaltungen solcher Art geworben wurden (18). Bei diesem Umfeld lag es nahe, in der Darbietung des jungen Künstlers aus Calw ein ähnliches Programm zu erwarten.

VI.

Mitte April 1912, unmittelbar vor Antritt der Fahrt nach Saarbrücken, kündigte der Schweizer Komponist Fritz Brun einen Besuch bei dem befreundeten Autor an. Kurzfristig lud der ihn wieder aus: »Unglückseliger! Seit vierzehn Tagen beisse ich mir die Lippen zuschanden vor Ungeduld und Erwartung, und jetzt wollen Sie kommen, gerade wenn ich wegfahren muss! Ich reise am Samstag nach Heidelberg, Sonntag nach Mannheim zur Aufführung der Orestie, Montag nach Saarbrücken, wo ich einen Vortrag habe« (19). Spätestens am 30. April, schrieb er, werde er allerdings zurück sein.
Die erste Erwähnung der mißlungenen Lesung findet sich in einem Brief Hesses von Ende April 1912 an seine Bekannte Liddy Gregori: »Meine Reise verlief vollends gut, nur der 'Dichterabend' in Saarbrücken verunglückte vollständig« (20). Ein wenig genauer beschrieb Hesse das Desaster in einem an die gleiche Adressatin gerichteten, etwas später entstandenen Brief: »Der Tag bei Ihnen ist mir in der schönsten Erinnerung, in besserer als Saarbrücken, wo ich vorlesen mußte und wo man, ich weiß nicht warum, in mir einen komischen Rezitator erwartet hatte« (21).
Die missglückte Lesung wird auch in einem Brief vom 11. Mai 1912 an den befreundeten Schriftsteller Emanuel von Bodman erwähnt: »Ich war fort u.[nd] erlebte in Saarbrücken ein drolliges Mißgeschick als Vorleser. Die Leute

hatten nämlich in mir eine Art Komiker erwartet u.[nd] waren schwer enttäuscht« (22).

VII.

Wann Hesse seine Erzählung geschrieben hat, ob unmittelbar nach der Rückkehr aus Saarbrücken oder erst mit einigem zeitlichen Abstand, ist ungewiß. Er hat sie jedenfalls erst knapp zwei Jahre nach dem Vorfall, am 3. Februar 1914, an die populäre Münchner Wochenschrift »Jugend« geschickt, allerdings wollte die Redaktion den Text nicht abdrucken (23).
Am 23. April 1914, zufällig genau zwei Jahre und einen Tag nach dem Leseabend, stellte Hesse das Manuskript dann der anderen auflagenstarken Münchner Zeitschrift zur Verfügung, dem wegen seiner Kritik an Adel, Kirche und Militär bekannten »Simplicissimus«, wo es – in leicht geänderter Fassung – am 13. Juli 1914 (Nr. 15, 19. Jg.) veröffentlicht wurde. Eine ganze Reihe von weiteren, meist gekürzten bzw. textlich leicht veränderten Publikationen folgte (24).
Der Autor hat sich vermutlich nicht selbst um den Kontakt zu den Redaktionen bemüht, sondern den Text über die Feuilleton-Vermittlungsagentur »Vierzehn Federn« angeboten (25).
In Saarbrücken hat man sich jahrzehntelang nicht weiter dafür interessiert, daß eine der amüsantesten Erzählungen eines bekannten deutschsprachigen Autors durch die Lesung

in dieser Stadt angeregt war. Zu den zahlreichen Publikationen des Textes im Laufe der Jahrzehnte fand sich jedenfalls kein Kommentar, weder in der »Saarbrücker Zeitung« noch in anderen regionalen Medien. Erst in den 70er Jahren wurde man auf ihn aufmerksam, möglicherweise durch einen Hinweis von Hilde Jerusalem, einer in Saarbrücken lebenden Bekannten Hesses.
Soweit ich weiß, wurde die Erzählung Hesses dreimal in regionalen Publikationen vorgestellt: Zuerst 1974 in der »Saarbrücker Zeitung« (26), sechs Jahre später in dem »Saarländischen Lesebuch« (27) und zuletzt in der Anthologie »Kähne, Kohle, Kußverwandtschaft« (28), stets jedoch in unterschiedlich gekürzten Fassungen.
Die »Saarbrücker Zeitung« ist übrigens das einzige Blatt unter den zahlreichen Zeitungen jener Jahre gewesen, das die Lesung vom 22. April 1912 mit einem eigenen Bericht würdigte (Vgl. S. 41).
Als der Artikel erschien, dominierten Meldungen von einem anderen Ereignis: einem Unglück, das wenige Tage zuvor, am 15. April 1912, geschehen war, das – aus der Rückschau betrachtet – wie ein mahnendes Menetekel der Moderne das Jahrhundert begleitete und den idyllischen Ton der gelesenen Texte scharf kontrastierte: der Untergang des Ozeanriesen »Titanic«, der vor Neufundland mit einem Eisberg zusammengestoßen war.

Anmerkungen

1. Leider fanden sich weder im Saarbrücker Stadt- noch im Landesarchiv irgendwelche Vereinsunterlagen. Auch in der neuen, zweibändigen »Geschichte der Stadt Saarbrücken«, Saarbrücken 1999, wird der Verein nicht erwähnt.
2. Vgl. Saarbrücker Adressbuch von 1912, S. 965 (Wieso »oder«?).
3. Dirk Bubel, Dieter Heinz u. Gerd Kiefer (Hg.): Saarbrücken – Gebaut, Zerstört, Wiedererstanden. Das Stadtbild in den letzten 100 Jahren, Stuttgart 1996, S. 97.
4. Ein schöner Zufall, daß Hesse in Saarbrücken eine seiner Eisenbahngeschichten vorlas (Vgl. S. 79ff).
5. Weder im Hesse-Depositum im Schiller-Nationalmuseum/Deutsches Literaturarchiv in Marbach fanden sich Briefe bzw. Kopien aus oder nach Saarbrücken, noch – lt. Auskunft von Dr. Thomas Feitknecht vom 27. November 1998 – im Hesse-Archiv im Schweizerischen Nationalarchiv (Bern).
6. Vgl. Michael Limberg: Hermann Hesse und seine Lesungen – Eine Dokumentation, Düsseldorf 1994;

vgl. auch Christiane Schott: »Und jede Nacht derselbe Traum« – Eine frühe Lesetournee Hermann Hesses durch Norddeutschland, in: Deutsches Allgemeines Sonntagsblatt, 7. Okt. 1993

7. Volker Michels (Hg.): Hermann Hesse – Sein Leben in Bildern und Texten, Frankfurt/M. 1979, S. 128.
8. M. Limberg, S. 177.
9. Nicht genau dat. Brief vom Nov. 1953 an Karl Dettinger, in: Hermann Hesse: Gesammelte Briefe Bd. 4, Frankfurt/M. 1986, S. 192.
10. Vgl. Irmengard Peller-Séguy: Der Sonnenstein von Jaumont – Eine Brücke über Grenzen und Jahrhunderte, Homburg 1995, S. 76f.
11. Hermann Hesse: Der verbannte Ehemann oder Anton Schievelbeyn's ohnfreywillige Reisse, handgeschrieben und illustriert von Peter Weiss, Frankfurt/M. 1977, S. 133.
12. Ebenda, S. 191.
13. Ebenda, S. 111ff.
14. Ebenda, S. 111.
15. Vgl. Anzeige in der »Saarbrücker Zeitung« vom 19.4.1912.

    Rideamus (eigentl. Fritz Oliven), 1874-1956, Rechtsanwalt und Unterhaltungsschriftsteller, schrieb zahlreiche Texte fürs Kabarett. Seine humoristischen Bücher erreichten hohe Auflagen. Emigrierte 1939 nach Brasilien.

16. Vgl. Anzeige in der »St. Johanner Zeitung« vom 23.4.1912.
17. Vgl. Anzeige in der »Saarbrücker Zeitung« vom 17.4.1912.
18. Allerdings war diese Anzeige nicht unmittelbar neben der Ankündigung der Hesse-Lesung plaziert, wie es die Hesse-Bildbiographie von Volker Michels nahelegt. Daß beide Anzeigen nebeneinander zu stehen kamen, ist einem Journalisten der »Saarbrücker Zeitung« geschuldet, der den Teilabdruck der Erzählung »Autoren-Abend« (unter dem Titel »Als Saarbrücken Querburg hieß – Hermann Hesse über seine Dichterlesung 1912«) im Samstags-Feuilleton seiner Zeitung vom 16./17.11.1974 zu illustrieren hatte. Sein erläuternder Text für die beiden Illustrationen lautet: »Die Ankündigungen: Querburger Veranstaltungen, von denen in der Erzählung von Hermann Hesse die Rede ist, entnommen dem Anzeigenteil der 'Saarbrücker Zeitung' von 1912 ...« Diese (korrekte) Bildunterschrift wurde von Michels so mißverstanden, als seien beide Anzeigen nebeneinander gedruckt gewesen.
19. Vgl. nicht genau dat. Brief vom April 1912 an Fritz Brun, Hermann Hesse-Editionsarchiv, Volker Michels, Offenbach.
20. Nicht genau dat. Brief von Ende April 1912 an Liddy Gregori, Hermann Hesse-Sammlung Marbach, Nr. 70.369.

21. Brief vom 2.6.1912, Hermann Hesse-Sammlung Marbach, Nr. 71/60.1.
22. Brief vom 11.5.1912 an Emanuel von Bodman, Hermann Hesse-Sammlung Marbach, Nr. 71.453/12.
23. Mündl. Information von Volker Michels am 2.12.1998.
24. Bis zum Tode des Autors sind folgende Publikationen nachweisbar:
   - »Bilderbuch«, Berlin 1926, S. 270 – 281, mit dem Zusatz »1912«,
   - »Der Basilisk« Nr. 42/1928 (Jg. 9),
   - »Kölner Zeitung«, 7.6.1931,
   - »Dresdner Neueste Nachrichten«, 12.7.1931,
   - »Bilderbuch« (Erw. Neuausg.), Frankfurt/M. 1958, S. 306 – 318.
   - »Der Autorenabend – Dichteranekdoten von Rabelais bis Thomas Mann«, gesammelt von Christian Strich (Zürich 1953), S. 5 – 20. Dieses Buch markiert übrigens die Geburtsstunde des Diogenes-Verlags. Daniel Keel hatte Hesse um die Erlaubnis zum Abdruck seiner Geschichte gebeten und bekommen. Am 17.10.1953 schrieb Hesse an den jungen Verleger: »Das lustige Büchlein gefällt mir gut und wird gewiß Vielen Spaß machen. Ich glaube, ich habe Ihnen seinerzeit vorgeschlagen, statt eines Honorars eine Anzahl Exemplare des Büchleins zu nehmen. Ich wußte damals nicht, dass mein Beitrag das Hauptstück darin werden würde, doch bin ich auch heute noch damit

zufrieden, statt Honorars Exemplare anzunehmen. (...) Einige Exemplare für Sie zu signieren bin ich bereit, jedoch nicht mehr als fünf«. Hermann Hesse-Editionsarchiv, Volker Michels, Offenbach.

25. Mündl. Auskunft von Volker Michels am 2.12.1998.
26. Ausgabc vom 16./17.11.1974
27. Ein Saarländisches Lesebuch, hg. von Fred Oberhauser u. Rainer Petto, Saarbrücken 1980, S. 137 – 140.
28. Kähne, Kohle, Kußverwandtschaft – Ein Saarbrücker Lesebuch, hg. von Klaus Behringer, Marcella Berger u. Fred Oberhauser, Saarbrücken 1998, S. 169 – 175.

ZUR EDITION

Der Text der Erzählung »Autoren-Abend« folgt dem im Hesse-Depositum im Marbacher Schiller-Nationalmuseum/ Deutsches Literaturarchiv aufbewahrten Typoskript. Der Anfang der Erzählung sowie einige Wendungen, die sich nur in der handschriftlichen Erstfassung finden, wurden beim vorliegenden Abdruck ebenso berücksichtigt wie Ergänzungen in den verschiedenen Druckfassungen. Orthographie und Interpunktion des Autors wurden beibehalten, offensichtliche Schreibfehler jedoch korrigiert.
Die Gedichte im Dokumentationsteil entsprechen den Fassungen des 1902 in der Grote'schen Verlagsbuchhandlung erschienenen Bandes »Gedichte« (2. Aufl., 1919). Von den Prosastücken folgen »Das erste Abenteuer« und »Der Monte Giallo« den Erstpublikationen im »Simplicissimus« (10. Jg., 1906, S. 596ff bzw. 15. Jg., 1910, S. 125ff), das 1910 erstmals veröffentlichte »Währisbühel« dem Abdruck in »Von schwäbischer Scholle« (Heilbronn 1916, S. 73ff).
Einfügungen in eckigen Klammern stammen vom Herausgeber.

DANKSAGUNG

Die Erlaubnis zur Veröffentlichung der Erzählungen, Gedichte und Briefauszüge von Hermann Hesse erteilte freundlicherweise der Suhrkamp-Verlag, Frankfurt/M.
Das Schiller-Nationalmuseum/Deutsches Literaturarchiv (Marbach) gestattete den Abdruck der Hesse-Faksimiles sowie der im Hesse-Depositum aufbewahrten Korrespondenzen.
Die Geschäftsführung der »Saarbrücker Zeitung Verlag und Druckerei GmbH« war mit der Neuveröffentlichung des Berichts über den Leseabend einverstanden.
Ich danke Volker Michels, der wertvolle Anregungen und Hinweise gab und mich in seinem Offenbacher Hermann Hesse-Editionsarchiv recherchieren ließ.
Einen Zuschuß zu den Druckkosten gewährte dankenswerterweise die Saarland Sporttoto GmbH.

ZUR REIHE »SPUREN«

»Immer mehr kommt unter uns daneben auf. Man achte grad auf kleine Dinge, gehe ihnen nach. Was leicht und seltsam ist, führt oft am weitesten« (Ernst Bloch).
»Spuren« führen zu Vergessenem, Entlegenem, Verborgenem; sie vermitteln Entdeckungen, Begegnungen, Austausch. Und: Sie führen über Grenzen.
»Eine Spur, die das Auge vermißt, findet oft das Ohr«, weiß der Volksmund.
In dieser Reihe erscheinen Texte von Ilya Ehrenburg, Philippe Soupault, John Henry Mackay, Adrienne Thomas, François-Régis Bastide und anderen.
Die Reihe wird herausgegeben von Ralph Schock.

Impressum

Die Deutsche Bibliothek – CIP-Einheitsaufnahme

Ein Titeldatensatz für diese Publikation ist bei
Der Deutschen Bibliothek erhältlich.

Buchgestaltung C. Pom.
Satz Karin Luck und Alexandra Henze
auf Apple Macintosh
Schrift LoType und Life BQ
Papier Gardapat 13, 100 g
Lithos, Satz und Druck Bliesdruckerei P. Jung GmbH
Bindung Buchbinderei Schwind, Trier

Gollenstein Verlag GmbH
Auf Scharlen 3-5, 66440 Blieskastel

Printed in Germany 2000
ISBN 3-933389-17-8